목공인이 꼭 알아야 할

# 짜맞춤의 정석

Essential Joinery

목공인이 꼭 알아야 할

# 짜맞춤의 정석

Essential Joinery

**마크 스파뉴올로** 지음 · **안형재** 옮김

모눈종이

Essential Joinery
by Marc Spagnuolo

Original Edition Copyright © 2019 by Blue Hills Press
Text © 2019 by Marc Spagnuolo
Photographs © 2019 by Marc Spagnuolo
Translation into Korean Copyright © 2020 by Monoonjongi, All rights reserved. Published under license.
Korean translation rights are arranged with Blue Hills Press through AMO Agency Korea.

목공인이 꼭 알아야 할
# 짜맞춤의 정석

**초판 1쇄 발행** 2020년 8월 15일

**지은이** 마크 스파뉴올로 | **옮긴이** 안형재
**펴낸이** 서진 | **기획·마케팅** 노수준 | **편집** 이부섭

**펴낸곳** 모눈종이 | **출판등록** 제2015-000280호
**주소** (우 04007) 서울특별시 마포구 희우정로 20길 26(영진 201)
**전화** 070-7553-1868 | **팩스** 0505-041-2300 | **이메일** mo-noon@naver.com

**ISBN** 979-11-961341-3-6 13630
이 도서는 국립중앙도서관 출판시도서목록(CIP)은 e-CIP홈페이지(http://www.nl.go.kr/ecip)와
국가자료공동목록시스템(http://www.nl.go.kr/kolisnet)에서 이용할 수 있습니다.(CIP제어번호: CIP2020029977)

# 차례

**2장**    **턱·다도·홈짜임**

Rabbets · Dadoes · Grooves

# 시작하며

이 책에서는 목공의 필수적인 짜맞춤 방법들을 맞짜임, 턱·다도·장부짜임, 장부짜임, 반턱과 가름장짜임, 그리고 주먹장짜임 총 다섯 가지로 분류했다.

이 기초지식들은 거의 대부분의 가구를 제작하는 데 적용된다. 어떤 복잡한 가구라도 이 책이 제시한 핵심 기법에 뿌리를 두고 있다. 결구법을 마스터한다는 것은 수백 개의 모호한 결합구조를 억지로 다 만들어보는 것이 아니다. 오히려 여러분이 디자인한 어떠한 결합 방법에도 적용시킬 수 있는 견고한 원칙 체계를 만드는 것에 가깝다. 다섯 가지 핵심 짜임 분류 내에서 가장 널리 사용하는 결합법들과 그 제작방법을 살펴볼 것이다. 또한 실수를 수정하는 방법도 다룰 것이니 기대해도 좋다.

결구법의 보물 상자를 열어 보기 전에 한 걸음 물러서서 가구를 만드는 동기에 대해 이야기해 보자. 쓰레기 같은 조립 가구에 지쳐서 그보다는 더 나은 것을 만들 수 있다고 생각하기 때문인가? 고등학교 때 목공 수업을 들었고, 그 이후로 계속 하고 싶은 욕구가 있었기 때문인가? 어쩌면 목수였던 부모나 조부모에 대한 추억이 있고, 그것이 머릿속에 특별한 향수를 불러일으키기 때문일지도 모른다. 그렇지만 많은 사람들에게 그 이유는 훨씬 간단하다. 목공이 일상생활의 스트레스를 날려주기 때문이다.

2004년으로 돌아가 보면, 당시 나는 제약회사의 기술 서비스 담당자로 일하면서, 도전적이지도 않았고, 영감을 받지 못했으며, 회사로부터의 동기부여도 없었다. 하지만 목공을 통해 새로운 경험과 기술의 축적, 문제 해결, 그리고 개인적인 발전을 측정할 수 있는 유형적 척도 등의 영광스러운 트로피를 얻었다. 이상하게도 나에게는 목공(가구)의 완성품 자체는 중요한 동기가 아니었다. 나는 사실 나무가구에 별로 관심이 없었고, 심지어 초기 대여섯 개의 작품들은 가족과 친구들 집에 있다.

나는 집을 컨트리 음악과 컨트리 스타일 가구로 채우는 것이 전혀 이상하지 않다고 생각하는 엄마와 새아빠와 함께 뉴저지의 도시 소년으로 자랐다. 시각적으로 경험했던 것은 레드오크뿐이었고, 방범창을 통해 조지 존스의 노래가 흘러나왔다. 집을 떠날 때쯤에는 우리 집의 가구는 금속과 유리로 만든 것으로만 채우겠다고 다짐도 했었다.

내가 지향했던 것은 '이질적이고 차가운' 분위기였다. 목공을 시작한 지 얼마 지나지 않아 집 안을 내 창작물로 채우는 것에 익숙해지기 시작했다. 그리고 오늘, 오리나무로 장식된 사무실에서 변재 무늬가 도드라진 체리나무로 만든 책상 위에 앉아 있는 나를 발견한다. 그냥 나가서 이렇게 말해야 할 것 같다. 나무를 사랑한다고. 지금은 내가 직접 만든 가구로 둘러싸여 있을 만큼 운이 좋긴 하지만, 여전히 목공에서 가장 즐거운 부분은 특히 정교한 짜임 같은 제작 과정 그 자체이다.

표면적으로는 짜임은 부품을 고정하는 수단일 뿐이다. 하지만 잘 만들어진 짜임은 그것보다 훨씬 더 많은 역할을 한다. 음악적으로 비유하자면, 대부분의 일반인들은 밴드가 연주하면 그냥 노래 자체로 듣는다. 그러나 음악가에게는 기타, 베이스, 드럼 및 보컬 등 각 부분의 합으로 들린다. 연주자가 악기를 잘 연주하고 가수가 즐거운 목소리를 낼 때 노래가 제대로 들린다. 베이스와 드럼이 빈 곳을 채우며 의심할 여지없는 견고한 리듬을 만들 때, 기타 멜로디가 보컬 패턴과 하모니를 이루며 분리할 수 없을 때처럼 그들이 하나로 뭉칠 때 진정한 마법이 일어난다. 이러한 것들이 좋은 음악과 위대한 음악을 구분 짓는다. 가구도 이와 같다. 짜임새가 단지 부품의 집합체였던 가구를 그 이상의 것으로 만든다. 짜임이야 말로 가구의 존재 이유이며 목수의 성격, 사랑, 자부심을 드러내는 곳이다.

대부분의 사람들이 짜임 내부를 직접 볼 수 없다는 걸 이해하면, 내가 짜임새를 아주 중요하게 여기는 것을 약간 바보 같다고 생각할지도 모른다. 그러나 나는 칭찬이 아닌 그 과정을 사랑하기 때문에 목공을 한다. 각 짜임은 그 자체로 작은 프로젝트이며, 각각 도전과 위험, 보상이 따른다. 새로 만든 테이블에 마감 칠을 할 때마다 최선을 다했고, 내가 만든 튼튼한 짜임들이 특별히 가족들을 위해 만든 아늑한 집에 자리 잡고 있다는 것에 믿을 수 없을 정도의 자부심을 느낀다. 내가 짜임을 너무 낭만적으로 생각하는 걸까? 하지만 솔직히 말해서, 세상은 확실히 낭만과 존경, 그리고 그런 바보 같은 것들로부터 얻는 것이 좀 더 많은 것 같다.

결국, 짜임에 얼마나 많은 노력을 쏟는 가는 전적으로 당신에게 달려 있다. 맞짜임이나 비스킷, 포켓홀 나사는 아무런 문제가 없다. 당신이 행복하게 무엇인가 만들고 있는 한, 나는 전폭적으로 지지하고 존중한다. 나는 모든 목공인들이 더 나은 짜임 방법과 더 새롭고 개선된 방법을 찾는 것을 권장한다.

만일 당신이 나의 초보시절 같다면, 아마도 결구법의 세계에 발을 들인 순간 낯선 전문 용어들과 그 수많은 선택지에 겁을 먹을 수도 있다. 기존의 결구법 관련 서적들도 광범위하면서 유익한 정보를 제공하지만 너무 압도적이거나 때로는 세부 설명이 부족한 경우가 많다.

이 책에서 내가 목표로 삼은 주제는 목공예품에서 가장 많이 사용하는 짜임법으로 재분류하고, 그것을 쉽고 분명하게 설명해주는 것이다. 여기에 나오는 다섯 가지 필수 짜임법을 숙달하면, 어떤 종류의 가구라도 만들 수 있는 기술을 갖추게 될 것이라고 진심으로 믿는다. 이 책은 그 과정을 단계적으로 다루면서 짜임을 완성하는 다양한 방법을 보여줄 것이다. 개인적인 필요나 가지고 있는 도구에 따라 여러 가지 방법보다는 한 가지를 선호할 수 있다.

동기부여니 무형적 이익이니 컨트리 음악 같은 두서없이 긴 서설은 이제 끝내고, 공방으로 출발해서 짜임을 만들어보자.

마크 스파뉴올로 Marc Spagnuolo

# 책을 읽기 전에

내가 처음 목공을 시작하던 2005년을 돌이켜보면 시중에서 목공 관련한 책을 찾는 것이 매우 어려웠다. 그나마 한두 권 있던 책도 딱딱한 문체와 한자가 가득한 대학 교재이거나 자격증 대비용 흑백의 책들뿐이었다. 요즘은 동호인들도 많아지고 공방들이 늘어나면서 많은 목공 관련 서적들도 활발히 출간되고 있다. 화려한 일러스트가 가미된 개론서부터 작은 목각 인형이나 숟가락만을 만드는 책들까지 좀 더 세분화되고 다양해졌다.

이 책은 나무의 종류를 설명하거나, 목재를 어떻게 다루면서 목공을 할 건지를 가르쳐주는 개론서는 아니다. 철저하게 짜맞춤 기법에만 집중하고 있다. 기본적이지만 정말 필수적인 짜맞춤 기법들 말이다. 물론 더 만들기 어렵고 복잡한 짜임들도 많지만, 실제 목공을 직업으로 삼는 사람들에게는 시간과 노력이 비용으로 직결되기 때문에 적용하기 어려운 짜임들이 대부분이다. 핵심적인 짜임 몇 가지만 알면 대부분의 상업가구들은 모두 만들어낼 수 있다. 수많은 짜임들을 다섯 가지로 크게 분류하고 같은 짜임을 만드는 여러 가지 방법을 소개함으로써 나의 목공 기술 수준과, 보유 장비, 투여할 수 있는 시간 등등을 고려해 적절한 기법을 선택할 수 있다. 책 속의 기계나 공구들 또한 우리나라에서도 쉽게 구할 수 있는 장비들로 많은 분들이 이미 보유하고 있거나 인터넷에서 모두 경험해본 것들이 대부분이다.

베란다 공방을 벗어나 개인 작업실이나 상업 공방을 처음 운영하는 사람들, 그리고 상업 공방의 열쇠 회원이 되어 독립적인 목공작업을 시작하는 사람들에게 권해주고 싶은 책이다. 비싸고 화려한 지그나 고급 기계장비가 아닌 테이블쏘와 라우터 테이블 같이 비교적 저렴하면서도 기본적인 장비로 나무가구를 제작하는 사람들에게 정말 필요한 지식만을 제공해줄 것이다. 저자의 설명이 부족하거나 국내 현실에 맞지 않는 부분들은 옮긴이의 경험을 담아 주석을 달아놓았다. 인치로 기입된 치수 또한 국내 현실에 맞게 최대한 밀리미터로 바꿨다.

무지와 용기만으로 기계 스위치를 켜는 것만큼 어리석은 일은 없다. 이 책을 통해 무지를 지혜로, 용기를 자신감으로 바꿀 수 있는 계기가 되었으면 한다.

대치동 목가구스튜디오에서
옮긴이 안형재

# 1장 | 맞짜임

맞짜임은 가장 간단한 형태의 결구법으로 두 개의 나무를 서로 맞대어 붙이는 것이다. 기초적인 예로는 직각 맞짜임이 있다. 나의 첫 목공 프로젝트도 맞짜임을 사용했고, 지금도 여전히 프로젝트에 따라 맞짜임으로 작업하고 있다. 앞으로 당신의 목공 여행을 진행할수록, 좀 더 복잡한 짜임방법으로 넘어갈 가능성이 많지만, 그 모든 것의 시작은 바로 맞짜임이다.

접착제로만 결합되는 단순한 직각 맞짜임은 본질적으로 약하다는 점을 기억하라. 판재의 횡절단면(마구리면)은 대부분의 접착제를 흡수해 결합력이 약하다. 그래서 이번 장에서는 짜임의 보강방법을 중점적으로 다룬다.

# 나사로 보강한 직각 맞짜임
## Screw-Reinforced 90° Butt Joint

직각 맞짜임을 보강하는 가장 손쉬운 방법 중에 하나는 나사를 사용하는 것이다. 나사는 두 부재를 관통하기 때문에 서로 단단히 고정시켜줄 뿐만 아니라 결합력을 보강해준다.

## 도구

- 테이블쏘
- 마이터 게이지
- 클램프(조임쇠)
- 카운터 싱크 비트(이중비트)가 있는 드릴
- 밴드쏘 / 목심 제조용 비트(플러그 커터)
- 조립망치
- 플러그톱
- 손대패 / 샌딩 블록

1. 원하는 크기로 부재 절단. 여기서 중요한 점은 절단면이 매끈하고 직각이어야 한다.

2. 부재를 직각으로 절단하는 방법은 많지만, 마이터 게이지나 절단용 썰매를 장착한 테이블쏘를 사용하는 것이 빠르다.

3. 절단면과 맞닿을 면 또는 모서리에 접착제를 바른다. 접착제가 강도에는 큰 영향을 주지는 않지만 바르지 않는 것 보다는 낫다.

4. 조립된 작업물의 직각을 계속 확인하면서 클램프를 조정한다.
   클램프 머리가 닿는 지점의 위치와 각도에 따라 작업물의 각도가 달라짐에 유의한다. _옮긴이

5. 깊이 조절식 카운터 싱크 비트로 나사 들어갈 구멍을 미리 뚫으면서 나무 플러그를 끼우기 위한 적절한 깊이의 구멍을 함께 뚫는다.

6. 짜임부에는 적어도 두 개 이상의 구멍을 뚫는다. 최종 완성품에 보이는 부분이므로 구멍의 시각적 배치에 주의한다.

7. 각 구멍에 나사를 박고 클램프를
   제거한다.

8. 나사 구멍은 목봉을 잘라 막는다.
   (주로 8mm 또는 10mm)

9. 구멍 내부와 단면결 방향 플러그
   (목봉에서 잘라낸 경우)에 접착제
   를 바르고 망치로 가볍게 두드려
   넣는다.

10. 목봉 대신에 경사형의 목심제조용 비트(플러그 커터)를 사용하는 것이 낫다. 가공물과 같은 수종의 목재에 플러그 커터로 구멍을 내고 드라이버로 플러그를 빼낸다.

목심제조용 비트는 반드시 드릴프레스를 사용해야하며, 드릴프레스의 주축이 흔들리지 않는 정밀한 제품으로 작업하는 것이 좋다. 회전 진동이 심한 드릴프레스는 플러그가 깨지면서 비트 내부에 박히는 경우가 많아 제거하는 데 시간 낭비가 심하다. _옮긴이

11. 플러그 커터로 만든 경사형 플러그는 작업물과 플러그의 결방향을 맞춰준다. 접착제가 마를 때까지 기다리면 전체 조인트 조립과정 중 가장 신나는 부분이 기다리고 있다.

12. 접착제가 굳으면 플러그톱이나 샌딩 블록으로 돌출된 부분을 잘라낸다. 마지막 사진을 보면 목봉으로 만든 것(왼쪽 색이 짙은 부분)과 플러그 커터로 결을 맞춰서 플러그로 만든 것(오른쪽의 거의 구별하기힘든 부분)의 차이를 확인할 수 있다.

# 포켓홀 나사를 사용한 프레임 맞짜임
## Frame Butt Joint Using Pocket Screws

포켓홀 지그를 사용하면 프레임을 쉽고 빠르게 제작할 수 있다. 원하는 길이로 부재를 자르고, 드릴로 구멍을 뚫고, 나사를 박기만 하면 된다. 수납장 문에서 포켓홀 나사로 조립된 것을 쉽게 찾아볼 수 있다.

### 도구

- 드릴
- 포켓홀 지그용 드릴 비트
- 포켓홀 지그
- 클램프

1. 조립할 형태에 따라 부재를 배치하고 잘 보이도록 이름을 표시한다.

2. 지그 제조사의 설명서에 따라 부재의 뒷면을 포켓홀 지그에 끼우고 드릴로 구멍을 뚫는다. 가능하다면 하나의 결합부에 두 개 이상의 나사를 박는다.

3. 조립하는 동안 판재가 움직이지 않도록 클램프로 조인다. 접착제는 선택사항이지만 바르는 것이 좋다.

**팁** 나사가 횡절단면에 박히는 것을 피하라. 포켓의 방향은 보통 결합부가 부재의 측면이나 앞면 쪽으로 당겨서 붙도록 구멍을 뚫는다. 나사가 횡절단면 쪽으로 박히면 약하다.

4. 포켓홀 지그 전용 클램프를 사용하면 결합부가 단 차 없이 깔끔하게 결합된다. 일반 클램프와 함께 사용할 수 있다.

5. 제 위치에 나사를 박는다. 나사가 결합부를 밀착시킨다.

6. 이러한 결합은 만들기 쉬우면서도 놀랍도록 튼튼하다.

# 목심을 사용한 프레임 맞짜임

## Frame Butt Joint Using Dowels

프레임을 조립하는 또 다른 방법이 목심을 사용하는 것이다. 부재 양쪽에 구멍을 뚫고 기성품 목심(도웰)을 접착제와 함께 삽입한다. 목심의 또 다른 장점은 완전히 감춰진다는 점이다.

### 도구

- 목심 지그
- 드릴
- 드릴 비트
- 클램프

1. 결합할 부재를 배치하고, 결합부를 가로 지르도록 목심 위치를 표시한다.

2. 시중에는 다양한 종류의 목심 지그가 있는데 자동으로 중심을 맞춰주는 자동 중심정렬 목심 지그가 가장 유용하다.

3. 원하는 목심 크기에 따라 목심 지그를 선에 맞춰 정렬하고 단단히 고정한다.

4. 적절한 직경의 드릴로 구멍을 뚫는다. 파란색 마스킹 테이프를 비트에 감아주면 원하는 깊이를 뚫는 데 도움이 된다.

   마스킹 테이프보다는 드릴스토퍼를 구입하는 것을 추천한다. 상대적으로 저렴하면서도 베어링이 부착된 스토퍼는 드릴 회전으로 인한 지그 손상과 재료 표면 손상도 막아준다. _ 옮긴이

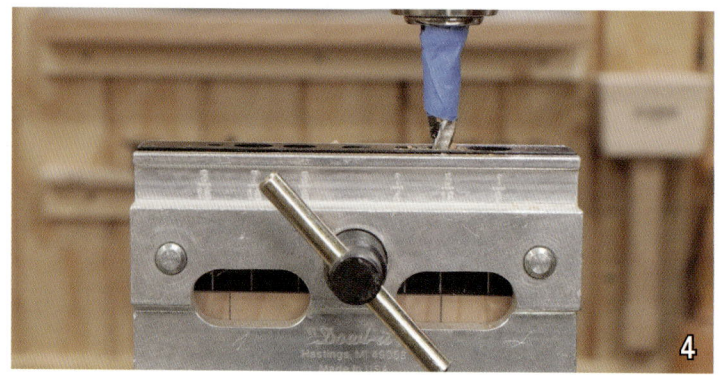

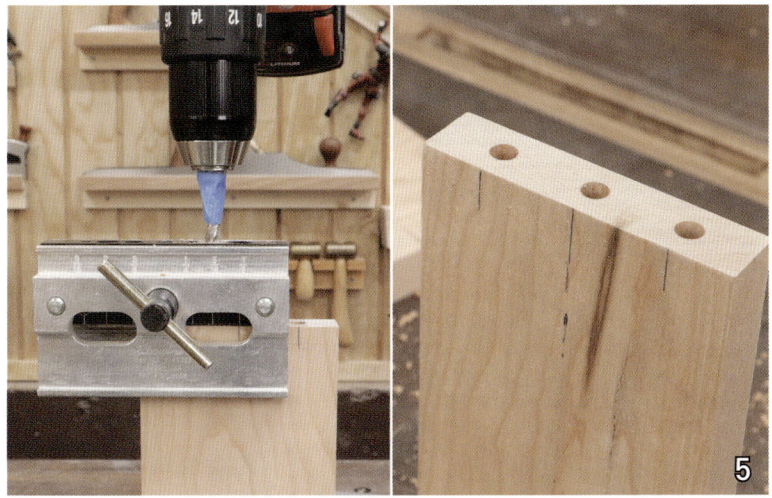

**팁** 도웰 플레이트(자주 사용하는 여러 크기의 구멍이 뚫려 있는 두꺼운 철판)라고 부르는 간단한 도구로 목심을 직접 만들 수도 있다. 자투리 나무를 조금 큰 정사각형 단면으로 켜고 도웰 플레이트에 두들겨 밀어 넣으면 원하는 크기의 목심을 만들 수 있다.

5. 다른 쪽으로 지그를 옮기고, 구멍 뚫기를 반복한다.

6. 결합할 반대쪽 부재에도 구멍 뚫기 작업을 반복한다.

7. 각 구멍에 목심을 삽입한다. 영구적인 결합을 위해 접착제를 바르고 클램프로 압력을 가한다.

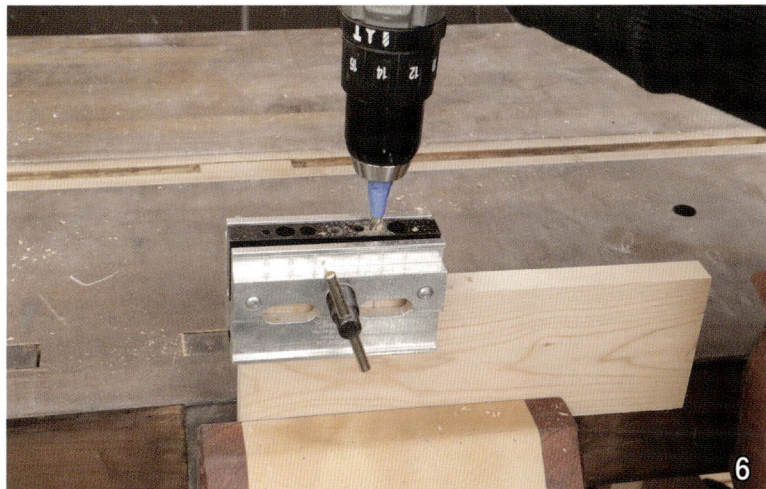

목심 지그는 사용이 편리하고 정확도와 반복도를 향상시켜주지만 자투리 나무로 직접 지그를 제작하면 비용을 절감할 수 있다.

1. 두꺼운 나무 토막에 구멍을 뚫을 위치를 표시한다. 여기서 명심할 것은 지그가 나무로 만들어졌기 때문에 결국엔 구멍이 헐거워진다. 따라서 수시로 새로 만들어줘야 한다.

2. 가능한 한 수직으로 직선 구멍을 뚫어야 한다. 드릴 옆에 큰 직각자를 놓고 뚫으면 작업에 도움이 된다.

   수직이 중요한 지그를 제작할 때는 드릴 프레스를 이용하는 편이 낫다._옮긴이

3. 블록 뒤쪽에 받침목 역할을 해주는 나무 토막을 접착한다.

4. 구멍 위치를 나타내는 기준선에 맞춰 지그를 판재에 클램프로 조여주기만 하면 드릴 준비 완료.

5. 구멍을 모두 뚫으면, 양쪽 판재에 접착제를 바르고 목심을 넣고 조립한다.

# 이중 비스킷을 사용한 프레임 맞짜임
## Frame Butt Joint Using Double Biscuit

비스킷은 프레임을 쉽게 조립할 수 있지만, 하나의 비스킷만으로는 튼튼하지 않은 경우도 있다. 그래서 결합력 높기 위해 두 개의 비스킷을 사용한다.

### 도구

- 이동 직각자
- 비스킷 조이너

1. 조립할 부재를 정렬하고 비스킷을 넣어줄 중앙선을 표시한다.

   비스킷의 크기가 생각보다 크기 때문에 프레임의 폭을 고려해 비스킷 규격을 결정하며, 비스킷의 크기 때문에 프레임 폭이 조정되기도 한다. 비스킷의 폭은 번호에 따라 47mm, 53mm, 56mm이다. _옮긴이

2. 보통 프레임을 조립할 때는 비스킷을 나란히 배치할 폭이 나오지 않지만, 위아래로 배치할 두께는 충분하다. 비스킷 조이너의 직각 가이드는 두께 중심을 벗어나도록 설정하는데, 위아래 비스킷 홈사이에 적어도 6mm 이상의 공간을 확보하도록 조정한다.

3. 결합할 부재의 양면에 같은 위치를 표시할 수 있도록 직각자로 앞면에 있던 선을 따라 넘겨 그린다.

4. 한쪽 면에 한 번씩 양면에 비스킷 홈을 판다.

5. 가공된 홈은 좌우 대칭이어야 한다.

6. 비스킷에 접착제를 바르고 결합부를 조인다. 두 개의 비스킷으로 접착 면적이 두 배가 되었다.

# 도미노를 사용한 프레임 맞짜임
## Frame Butt Joint Using Dominoes

도미노는 비스킷 조이너와 같은 방식이지만, 차이점은 비스킷 대신에 도미노를 딴혀 장부를 사용하는 것이다.

## 도구

- 직각자
- 도미노 조이너

1. 조립할 부재를 정렬하고, 도미노를 넣어줄 중앙선을 표시한다.

2. 장부구멍이 판재 두께의 중앙에 위치하도록 도미노 조이너 펜스를 조정하고, 결합할 양쪽 부재 위에 표시된 연필선을 따라 구멍을 판다.

3. 두 개의 장부구멍에 도미노 핀을 넣고 결합한다.

**팁** | 도미노 핀은 구멍에 딱 맞게 제조되어 있어 가조립시 다시 분해하기 어려울 수도 있다. 도미노 핀 측면의 돌기를 칼이나 사포로 살짝 제거하면 구멍에서 핀을 넣고 빼기 조금 쉬워진다.

# 포켓홀 나사로 만든 상자형 맞짜임
## Case Butt Joint Using Pocket Screws

상자형 맞짜임을 보강하기 위해 포켓홀 나사를 사용하는 것은 부엌가구 제작자에게는 일반적이면서 가장 좋은 선택이기도 하다. 또한 전면 프레임이나 다른 재료로 나사를 덮는 경우에 많이 사용한다.

### 도구

- 직각자
- 포켓홀 나사 지그
- 드릴
- 전용 드릴 비트
- 클램프

1. 부재들을 배치하고 부재 이름과 포켓홀 나사 구멍 위치를 판재에 잘 보이도록 표시한다.

2. 지그 제조사의 설명서에 따라 부재 뒷면을 포켓홀 지그에 끼우고 드릴로 구멍을 뚫는다. 구멍이 뚫리는 면과 나사가 접합면을 어떻게 관통하는지 주의를 기울여야 한다. 판재의 측 단면이 아닌 판재 정면에 나사를 박는 것이 이상적이다. 하지만 나사를 감추고자 할 때는 예외가 있다.

3. 판재가 움직이지 않도록 클램프로 조인 후 나사를 박는다. 접착제는 선택사항이지만 바르는 것이 좋다.

# 비스킷을 사용한 상자 모서리 맞짜임
## Corner Case Butt Joint Using Biscuits

상자형 짜임의 또 다른 좋은 방법은 비스킷을 사용하는 것이다. 비스킷은 공장에서 만들어진 럭비공 모양의 나무 원판으로 비스킷 조이너로 파낸 슬롯에 딱 맞는다.

### 도구

- 이동 직각자
- 비스킷 조이너
- 클램프

1. 두 장의 판재를 나란히 맞대 놓고 비스킷을 삽입할 위치를 한 번에 표시한다. 하나는 앞면에 다른 하나는 판재 절단면에 슬롯이 만들어진다. 조이너의 세팅을 바꾸지 않으면서 단 차 없이 딱 들어맞게 결합하기 위해서는 절단면에 슬롯을 만들어주는 판재의 경우 앞면에 있는 표시를 따라 뒷면에도 선을 넘겨 그린다.

2. 비스킷이 판재 두께의 중앙에 위치하도록 펜스를 조정한다.

3. 절단면 쪽 슬롯의 경우 판재의 뒷면에 펜스를 올려놓고 파낸다.

4. 인접하는 판재 면에 슬롯을 만든다. 판재 뒷면에 자투리 나무를 받쳐주 면 비스킷 조이너가 직각을 유지하 고 균형을 잡는 데 도움이 된다.

5. 슬롯에 비스킷을 삽입한다. 대부분 의 상자형 구조를 제작할 때는 #20 비스킷을 사용하는 것이 좋다.

6. 판재를 조립한다. 기준으로 잡은 판재의 앞면을 보면 단 차 없이 완 벽하게 결합된 것을 볼 수 있다.

# 도미노를 사용한 상자 모서리 맞짜임
## Corner Case Butt Joint Using Dominoes

기술적으로 도미노는 딴혀 장부 결합이며, 비스킷을 사용한 맞짜임과 작업 방식이 동일하다.

## 도구

- 직각자
- 도미노 조이너

1. 비스킷 조이너(28쪽)로 사용하는 경우와 같이 연결할 판재를 늘어놓고, 도미노 핀이 삽입될 중앙선을 표시한다. 양쪽 부재의 연필선을 기준으로 판재의 측면에 도미노 조이너로 딴혀 장부구멍을 파낸다.

2. 판재 안쪽 면에 도미노 조이너로 자투리 나무를 판재 뒤에 덧대 주면 도미노 조이너를 받쳐주는 데 도움이 된다.

3. 짜임을 조립한다.

4. 결합부가 직각인지, 결합부의 바깥 면에 단 차가 없는지 확인한다.

# 액자형 연귀 맞짜임
## Flat 45° Miters: A Frame

액자형 연귀 맞짜임은 각 부재를 비스듬히 [보통 45도] 잘라 맞대어 붙인 것이다. 이 짜임은 전통적인 그림액자에서 흔히 찾아볼 수 있다. 또한 문이나 다른 장식적인 프레임이 필요한 곳에서 찾을 수 있다.

## 마이터 게이지를 장착한 테이블쏘를 사용한 액자형 연귀 맞짜임

### 도구

- 직각자
- 테이블쏘
- 마이터 게이지

1. 정밀한 대형 직각자로 마이터 게이지를 정렬한다. 마이터 게이지는 날과 완벽히 직각이어야 한다.

2. 마이터 게이지를 45도로 맞춘다. 대부분의 좋은 마이터 게이지는 직각으로 정렬했다면 정확히 45도가 나오지만, 자투리 나무로 두 번 체크하는 것이 좋다. 날 진행 방향을 피해서 마이터 게이지의 펜스를 이동하는 것을 잊지 말라.

3. 마이터 게이지에 스톱 블록을 세팅하고 직각으로 대패 가공된 자투리 나무를 시험 절단해본다.

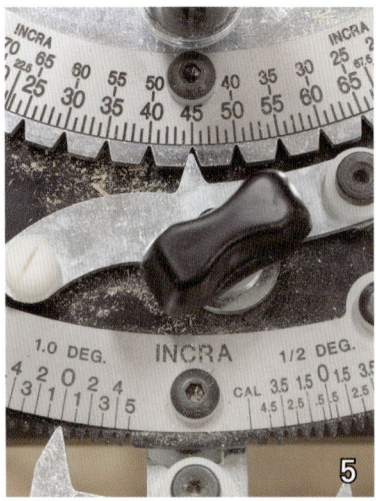

4. 45도로 가공한 두 연귀를 맞대어 90도 모서리를 만들고 각도를 확인한다. 만일 마이터 게이지 설정이 잘못되어 있다면 오차가 두 배가 되기 때문에 이 방법으로 쉽게 오류를 바로잡을 수 있다.

5. 각도 게이지를 45도에서 살짝 옆으로 이동해 다시 시험 절단해본다.

6. 두 연귀가 완벽한 90도가 되게 세팅한다.

7. 마이터 게이지의 스톱 블록으로 원래 부재를 절단한다.

8. 잘려진 작은 삼각형들은 나중에 클램프로 조립할 때 도움이 되므로 보관한다.

9. 잘려진 연귀 부분을 나란히 놓으면 단 차 없는 깨끗한 평면이다.

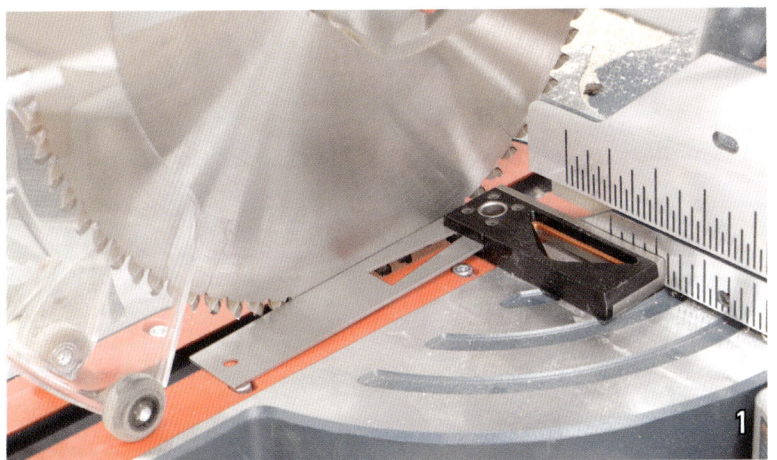

## 도구

- 직각자
- 각도 절단기
- 마이터 게이지

1. 직각자로 각도 절단기 날과 펜스의 직각을 확인한다.

2. 절단기를 45도로 맞추고 시험 절단을 위해 직각 대패 가공된 자투리 나무를 준비한다.

3. 45도로 가공한 두 연귀를 맞대고 각도를 확인한다. 사진에서 보듯이 약간 조정이 필요하다.

> **팁** 각도 절단기로 정확한 절단하고 싶다면 클램프를 추천한다. 부재의 움직임도 막고, 부재를 잡기 위해 손에 큰 힘을 들일 필요가 없기 때문이다.

4. 각도를 조정하고 시험 절단을 해본 후 직각자의 틈이 사라지면 원 부재를 자를 준비가 된 것이다.

5. 반복 작업을 해야 한다면 스톱 블록으로 절단한다.

# 액자형 연귀 맞짜임 조립 전략
## Miter Assembly Strategie

접착제와 일반적인 클램프만 가지고 액자형 연귀 맞짜임을 조립하는 것은 까다롭다. 각 부재들이 각도를 가지고 있어 서로 밀려나가면서 정성스럽게 잘라낸 연귀들이 튀어나오고 비뚤어지게 된다. 액자형 연귀 맞짜임은 밴드 클램프와 클램프 블록으로 쉽게 조립할 수 있다.

## 밴드 클램프

네 개의 모서리 패드, 금속 또는 천으로 만든 띠, 그리고 클램프 몸체로 이루어진 밴드 클램프는 띠가 당겨지면서 조립된 전체 부재를 한꺼번에 조인다.

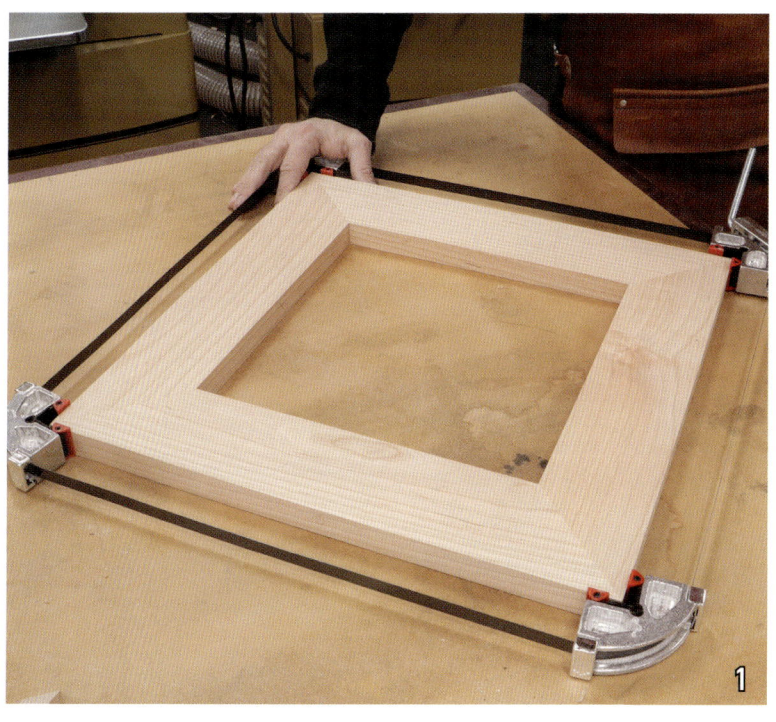

### 도구

- 밴드 클램프
- 접착제용 붓 또는 스프레더

1. 평평한 작업대에 조립할 부재를 올려놓고 프레임 모서리마다 패드 위치를 잡는다. 각 연결부마다 접착제를 바르고, 밴드 클램프를 서서히 조여주면서 결합부가 밀리지 않도록 조정한다.

> **팁** 항상 본 조립 전에 접착제를 바르지 않은 상태에서 시험 조립해봄으로써, 작업물을 다시 한번 체크하고 조립과정을 손에 익히도록 한다.

## 도구

- 클램프
- 접착제용 붓 또는 도포기(스프레더)
- 조립망치

1. 부재 양 끝을 연귀로 자르고 남은 삼각형 조각을 고점도 순간접착제CA thick로 프레임에 붙인다. 이때 프레임과 삼각형 클램프 블록 사이에 마스킹 테이프를 붙여 작업 후 클램프 블록을 제거할 때 부재에 상처가 안 남도록 한다.

   순간접착제는 목공용을 사용한다. 일반 순간접착제는 문구점에서 손쉽게 구할 수 있다. 또한 흡수가 잘 되는 저점도의 금속용 순간접착제도 있다. 금속용과 목공용 같은 특수 순간접착제는 인터넷으로 구매할 수 있다. _옮긴이

2. 연귀 부분에 접착제를 바른다.

3. 모서리 연결부분 마다 클램프를 조인다.

4. 접착제가 마르면 망치로 클램프 블록을 제거한다.

일반적인 클램프로 연귀 프레임을 조립할 때는 각도를 가진 클램프 블록으로 클램프가 결합선에 수직이 되도록 한다.

# 액자형 연귀 맞짜임의 보강
## Reinforcing Flat Miter Joints

연귀 맞짜임은 결국 각도를 가진 맞짜임이다. 알다시피 맞짜임은 접착제만으로는 약하기 때문에 내구성을 위해 보강하는 경우가 많다. 다행히 보강재들이 시각적인 장식 요소가 될 수도 있다.

### 간단한 가이드로 보강한 연귀 꽂음촉

연귀 꽂음촉은 접착제로 연귀 맞짜임을 결합부에 끼워 넣은 얇은 내부 조각이다.

### 도구

- 이동식 직각자
- 테이블쏘
- 평면톱니 원형톱날 (FTG: Flat top grind)
- 클램프

1. 이동식 직각자로 MDF 또는 합판 위에 45도로 V자 형태를 표시한다.

2. 표시한 선에 맞춰 프레임을 올려놓는다. 이때 프레임의 아랫쪽 모서리에 양면테이프나 마스킹 테이프와 한 방울의 순간 접착제로 프레임을 임시 고정한다.

3. 두 개의 클램프로 고정하고, 높은 테이블쏘 펜스를 사용하면 좋다. 톱날이 적어도 연귀 결합부의 반 이상 지나가도록 날 높이를 올리고 절단한다.

4. 슬롯은 보통 부재 중앙에 만들지만, 원하는 대로 배치해도 상관없다. 톱날은 평면톱니형 날을 사용한다. 슬롯 바닥이 직선으로 잘리기 때문에 일반적인 경사톱니형 날보다는 훨씬 나은 결과물을 보여준다.

## 도구

- 테이블쏘
- 장부 지그
- 클램프

1. 장부 지그의 받침쇠를 45도로 조절하고 부재를 클램프로 고정한다.

2. 날은 부재 중심에 맞추고(중심에서 약간 벗어나도 된다) 날높이를 올려서 날이 적어도 연귀 결합부의 반 이상 지나가도록 하고 절단한다.

장부 지그(테논 지그)를 가지고 있다면 연귀 꽂음촉 보강은 매우 만들기 쉽다.

## 직접 제작한 요람형 썰매로 보강한 연귀 꽂음촉

많은 양의 프레임이나 상자에 연귀 꽂음촉을 만들어야 하는 상황이라면 요람형 썰매를 만드는 것이 좋다. 그러면 안전하면서도 반복적으로 완벽한 작업을 해낼 수 있다.

### 도구

- 이동식 직각자
- 드릴
- 카운터 싱크 드릴 비트
- 클램프
- 접착제용 붓 또는 스프레더

1. 요람형 썰매를 제작하려면 깨끗한 판재 4장이 필요하다. 종류는 MDF 나 합판 모두 가능하고, 크기 역시 상관없다. 사진의 중앙 판재는 175 ×275mm, 측판은 200×400mm이 다. 중앙에 위치할 두 장의 판재는 직각으로 접착한다.

2. 중앙 판재를 결합하려면 카운터 싱 크 비트로 먼저 구멍을 내고, 접시 머리 나사를 박는다.

> **팁** 일체형 카운터 싱크 드릴 비트는 길이가 짧아서 결합되는 판재까 지 충분히 뚫리지 않을 경우가 있으니, 더 깊은 구멍을 뚫을 수 있는 속날 조립 형 카운터 싱크 비트를 선호한다.

**3.** 결합된 중앙 구조체 내부에 나사가 관통할 위치를 표시해둔다. 추후 톱날이 이 부분을 지나지 않도록 상기시켜 줄 것이다.

**4.** 두 장의 측판에 중앙점을 기준으로 두 개의 45도 선을 그린다.

**5.** 선 안쪽에서 9㎜ 안쪽으로 카운터싱크 비트로 구멍을 뚫어 놓는다.

6. 한쪽 측판 내부 선에 맞춰 접착제를 바르고 위치를 잡아 중앙 구조체를 올려 놓는다.

7. 클램프로 중앙 구조체와 함께 조인다.

8. 미리 뚫어 놓은 구멍에 나사를 박는다. 이때 접시머리 나사가 판재 면 아래로 충분히 들어가 있는지 확인한다.

9. 반대편에도 접착제로 붙인 뒤 나사로 고정한다.

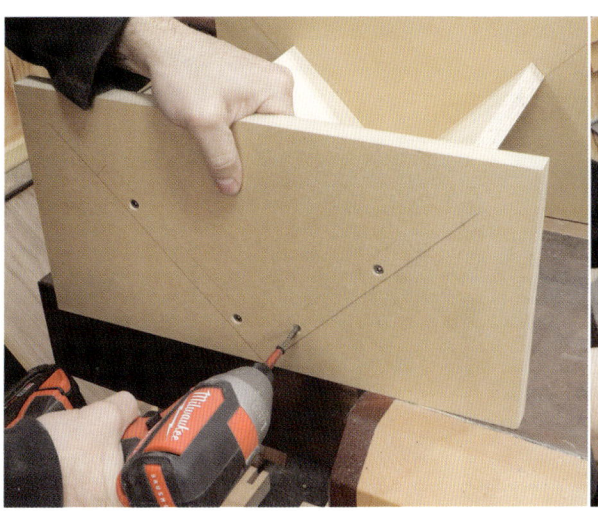

10. 만든 지그를 뒤집고 원하는 꽂음촉의 위치를 표시한다. 18mm 두께의 판재라면 지그의 안쪽면에서 9mm 정도 떨어진 위치가 좋다.

11. 펜스를 조정해 날의 위치를 꽂음촉 표시선에 맞춘다.

12. 작업 중에 지그 측면에 박은 나사 위치에 따라 가장 아래 있는 나사들은 날과의 접촉을 피하기 위해 다시 빼내고 옮겨야 할 수도 있다.

13. 접착 조립된 프레임을 요람 내부에 얹고 측벽에 클램프로 고정한다. 날 높이를 원하는 위치까지 올리고 절단한다.

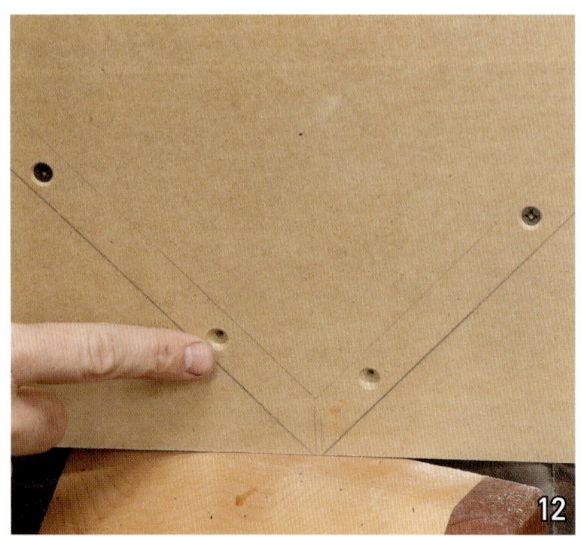

꽂음촉 슬롯을 파내는 방법과는 상관없이 꽂음촉을 만들고 끼워 넣는 방법은 같다.

## 도구

- 밴드쏘
- 손대패 또는 클램프
- 접착제용 붓 또는 스프레더
- 플러그톱

1. 재료를 원하는 두께보다 약간 두껍게 켠다. 밴드쏘의 절단면이 거칠기 때문에 표면을 매끄럽게 하게 되면 완벽한 두께로 만들 수 있다.

2. 손대패로 작업대에서 얇은 나무를 매끄럽게 대패질한다. 슬롯에 완벽하게 맞는 두께까지 계속 대패질을 한다.

3. 드럼 샌더기는 대패를 대신해 꽂음촉을 다듬고 두께를 맞추는 최고의 목공장비이다.

4. 꽂음촉은 접착제를 바르면 불어나니 여유있게 끼울 수 있어야 한다.

5. 삼각형의 꽂음촉은 약간 크게 잘라낸다. 결방향은 연귀 결합선에 수직이 되도록 배치한다.

6. 꽂음촉과 슬롯 내부 모두 접착제를
바른다.

7. 꽂음촉을 슬롯 안으로 끝까지 밀어
넣는다.

8. 결합부 모서리 안쪽에 삼각형 보조
나무토막으로 클램프 압력을 꽂음
촉에 잘 전달되도록 한다. 깨지기
쉬운 꽂음촉 모서리가 부서 지거나
찢어지는 것을 방지하기 위해 꽂음
촉 모서리를 살짝 잘라줘도 된다.
결합부를 덮는 두 번째 클램프를
조인다.

9. 접착제가 굳으면 플러그톱으로 튀어나온 부분을 잘라낸다.

10. 샌딩 블록이나 손대패로 표면을 매끄럽게 다듬는다.

11. 칠을 하면 나무색의 대비 효과가 극대화된다. 시각적 효과를 원하지 않는다면 프레임과 같은 종류 나무를 꽂음촉으로 사용한다.

## 내부 끼움촉으로 보강한 연귀

꽂음촉은 프레임 조립 후에 파고 넣는 반면, 내부 끼움촉은 조립 전에 연귀 부분에 파고 넣는다. 끼움촉은 결합부를 정렬시켜주고 부가적인 보강을 해주는 작은 나무 막대이다. 여기 기본적인 세 가지 가공방법을 소개한다.

### 도구

• 테이블쏘와 장부 지그 또는 마이터 게이지와 슬롯 비트가 장착된 라우터 테이블
• 사포
• 접착제용 붓 또는 스프레더
• 클램프

**1A.** **테이블쏘에 높은 펜스가 장착된 경우:** 수직 받침으로 사용할 합판 한 장을 준비하고 연귀 절단된 부재를 45도로 클램핑 한 뒤 끼움촉을 넣을 슬롯을 파도록 톱날 위를 지나간다.

**1B.** **테이블쏘에 장부 지그가 있는 경우:** 장부 지그의 후방 펜스를 45도로 눕혀 사용하면 부재에 빠르게 끼움촉 슬롯을 가공할 수 있다.

**1C.** 슬롯 비트가 장착된 라우터 테이블이 있는 경우 : 베어링이 달린 슬롯 비트는 끼움촉용 슬롯을 빠르고 효율적으로 가공해준다. 마이터 게이지와 펜스는 부재를 잡아주는 데 도움이 된다.

**2.** 43쪽의 꽂음촉 가공방법과 같이 끼움촉으로 사용할 나무를 원하는 두께로 가공한다. 다시 작은 개별 끼움촉 막대로 잘라낸다. 끼움촉의 결방향은 결합선과 수직이다.

**3.** 조립 후에 잘라 내기 때문에 끼움촉의 길이는 중요하지 않지만, 폭을 딱 맞게 잘라내지 않으면 틈이 생긴다.

4. 끼움촉 크기를 미세하게 조정하기 위해 작업대 위에 사포를 깔고 완벽한 크기가 될 때까지 갈아준다.

5. 35~36쪽의 방법에 따라 조립한다. 그림처럼 삼각형의 조립블록을 사용한다.

6. 전체 결합(연귀 부분과 끼움촉)은 한 번에 접착하여 조립한다.

7. 접착제가 굳으면 플러그톱으로 끼움촉의 튀어나온 부분을 잘라낸다.

8. 사포나 손대패로 외부 모서리를 매끄럽게 다듬는다.

9. 내부 모서리는 날카로운 끌로 다듬는다.

10. 사진에서는 색대비가 큰 목재로 끼움촉을 만들어서 장식적인 효과를 내고 있다. 만일 끼움촉이 눈에 안 띄게 하려면 프레임과 같은 수종의 목재로 만들면 된다.

## 도구

- 테이블쏘
- 목심 지그
- 드릴
- 클램프

1. 연귀로 연결할 두 부재를 절단면끼리 맞대 놓고 원하는 목심 위치를 표시한다. 각 결합부마다 적어도 두 개 이상의 목심이 필요하다.

2. 목심 지그(22~23쪽처럼 직접 만들어도 됨)로 각 연귀부에 목심 구멍을 뚫는다.

3. 목심 결합부에 목심을 끼워 넣고 35~36쪽에 설명한 기법 중 하나를 선택해 조립한다.

## 비스킷으로 보강한 연귀

### 도구

- 연필
- 비스킷 조이너
- 클램프

1. 연귀로 연결할 두 부재를 절단면으로 맞대 놓고, 알맞은 곳에 비스킷 위치를 표시한다.

2. 부재를 작업대 위에 클램프로 단단히 고정하고 비스킷 구멍을 뚫는다.

3. 슬롯에 비스킷을 넣고 조립한다.

비스킷 조이너는 연귀 결합부의 양쪽 면에 슬롯을 파내고, 비스킷 하나로 두 부재를 연결한다.

## 도미노로 보강한 연귀

프레임 연귀 맞짜임에서는 도미노 조이너는 비스킷 조이너와 같은 방식으로 작업한다.

### 도구

• 도미노 조이너

1. 연귀로 연결할 두 부재를 절단면으로 맞대 놓고 알맞은 곳에 도미노 핀 위치를 표시한다.

2. 연필선을 따라 적절하게 도미노 구멍을 뚫는다.

3. 도미노 핀을 넣고 조립한다.

# 상자형 연귀 맞짜임
## Standing Miters

상자형 연귀 맞짜임은 길이가 긴 연귀 맞짜임으로 상자나 장의 결합에서 쉽게 볼 수 있다. 이러한 결합법은 작은 보석함부터 큰 수납장에 이르기까지 같은 방식으로 제작한다. 보통 베벨 커팅(사선절단)이라고도 부른다.

## 테이블쏘를 사용한 상자형 연귀 맞짜임

### 도구

- 테이블쏘
- 마이터 게이지
- 연귀자

1. 마이터 게이지 펜스가 원형톱날과 완벽히 90도가 되도록 맞춘다.

2. 날은 45도로 눕혀 연귀자로 날의 각도를 확인한다.

3. 두 자투리 판재를 사선 절단해 설정을 확인한다.

4. 절단된 부재 절단면을 나란히 놓고 잘 맞는지 확인한다. 어떠한 틈이라도 발견된다면 조절이 필요한 것이다.

5. 가조립을 해본 후 직각자로 두 부재의 모서리가 정확히 90도인지 확인한다.

6. 부재를 같은 크기로 자르기 위해서 스톱 블록으로 실제 연귀 부재를 잘라낸다.

7. 상자가 완성되었다. 네 장의 판재를 결합했을 때 모서리가 90도인지 확인한다.

## 도구

- 각도 절단기
- 직각자
- 연귀자

1. 각도 절단기의 펜스가 톱날과 완벽하게 90도가 되도록 맞춘다.

2. 각도 절단기의 날을 45도로 눕혀 연귀자로 날의 각도를 확인한다.

3. 두 장의 자투리 나무를 시험 절단해본다.

4. 두 부재를 맞대었을 때 모서리의 각도를 확인하면서 완벽한 직각이 될 때까지 조정한다.

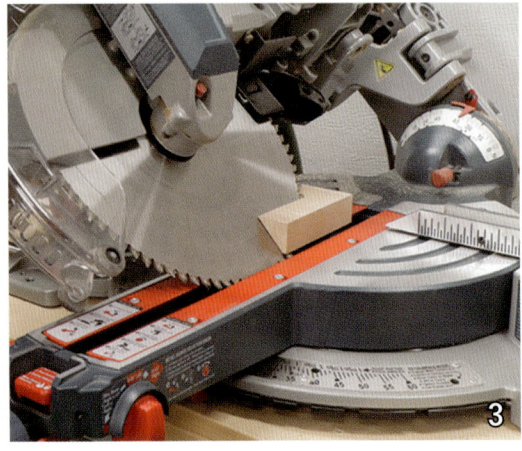

# 상자형 연귀 맞짜임의 보강
## Reinforcing Standing Miter Joints

스트래핑 테이프(필라멘트 테이프)는 상자형 연귀 맞짜임을 매우 수월하게 할 수 있다. 이 테이프는 결합부를 잘 잡아주며 손힘으로도 모든 결합부를 잘 조여준다.

## 상자형 연귀 맞짜임의 접착

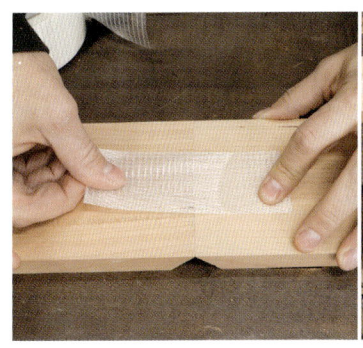

### 도구

- 접착제 붓 또는 스프레더
- 필라멘트 테이프

1. 조립할 부재를 바깥면이 위로 가도록 나란히 늘어놓는다. 각 결합부 위로 섬유 강화 필라멘트 테이프로 당겨 붙인다.

2. 테이프 붙인 부재들을 뒤집고, 접합부에 접착제를 바르면서 천천히 안쪽으로 접어서 연귀 결합부들을 함께 모은다. 이때 테이프가 클램프 역할을 해 부재가 서로 밀리지 않도록 잡아준다.

3. 두 부재를 맞댄 후 결합부를 단단히 조이면서 마지막 부분에 테이프를 덮는다. 만일 조임을 추가해야 한다면 밴드 클램프를 사용하기도 한다. 하지만 보통 작은 상자라면 이는 필요 없다.

필라멘트 테이프는 가격이 비싸지만 잘 끊어지지 않고 인장력이 강하다. 가벼운 작업이라면 마스킹 테이프도 좋지만 포장용 비닐 테이프의 경우 잔사(끈끈이)가 남기 때문에 추천하지 않는다. _옮긴이

## 도구

- 테이블쏘
- 요람형 썰매
- 밴드쏘
- 접착제 붓 또는 스프레더
- 클램프
- 플러그톱
- 샌딩 블록

1. 테이블쏘에 요람형 썰매를 올려놓고, 연귀 맞짜임된 상자에 꽃음촉 슬롯을 파낸다. 슬롯의 간격과 깊이는 자유롭게 결정하며 장식적인 효과를 위해 재미있는 패턴을 만든다.

2. 슬롯에 맞춰 꽃음촉을 재료를 준비한다.

3. 꽃음촉 나무를 약간 큰 크기의 삼각형으로 잘라낸다. 이때 결방향은 결합선에 수직이 되도록 배치한다.

접착제가 마르면 43쪽과 같은 방식으로 꽃음촉을 넣는다.

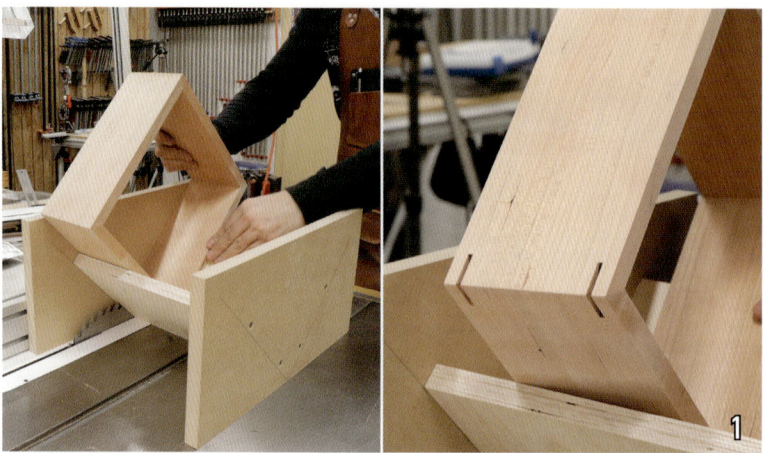

4. 슬롯과 꽂음촉에 접착제를 바른다.

5. 나무를 덧대고 클램프로 꽂음촉을 슬롯 안쪽으로 깊이 누른다.

6. 접착제가 굳으면 플러그톱으로 튀어나온 부분을 잘라낸다.

7. 손대패나 샌딩 블록으로 표면을 매끄럽게 다듬는다.

8. 꽂음촉으로 보강한 결합부가 상자에 장식적인 효과를 더해준다.

## 도구

- 이동식 직각자
- 테이블쏘
- 클램프

1. 테이블쏘 날을 45도 각도로 하고 연귀 결합면에 끼움촉 홈을 파낸다. 치수를 측정하고 48쪽의 설명대로 끼움촉으로 만들 나무를 잘라낸다.

2. 접착제를 바른 결합부에 끼움촉을 넣고, 본인이 익숙한 클램핑 방법으로 조인다.

## 비스킷으로 보강한 상자형 연귀 맞짜임

### 도구

- 이동식 직각자
- 비스킷 조이너

1. 연귀로 만날 부재를 나란히 붙여 놓고 비스킷 위치를 표시한다.

2. 비스킷 조이너 펜스를 45도로 설정하고 연필선에 맞춰 올려놓고 비스킷용 슬롯을 파낸다.

3. 접착제를 바른 비스킷을 넣고 원하는 클램핑 방식으로 조인다.

## 도구

- 이동식 직각자
- 도미노 조이너
- 클램프

1. 연귀로 만날 부재를 나란히 붙이고 도미노 핀 위치를 표시한다.

2. 도미노 조이너 펜스를 45도로 설정하고 연필선에 맞춰 올려 놓고 장부구멍을 파낸다.

3. 접착제를 바른 도미노 핀을 넣고 원하는 클램핑 방식으로 조인다.

수작업의 정확도를 높여주는 슈팅보드(마구리대)

전동공구가 속도와 힘 면에서는 유리하지만, 수공구는 정교한 결구법 제작에 있어서는 엄청난 수준의 정밀도를 얻을 수 있다. 이러한 일들을 가능하게 하는 유용한 클래식한 도구가 슈팅보드, 즉 '마구리대'이다. 마구리대는 손대패로 판재를 원하는 완벽한 각도로 다듬을 수 있게 해준다.

1. 슈팅보드의 받침목을 원하는 각도로 맞추고 이동식 직각자로 다시 한번 확인한다.

2. 작업물을 받침목에 붙여 올려놓고 절단면이 대패턱보다 살짝 튀어나오게 한다. 슈팅보드의 대패길 위에 대패를 측면으로 눕혀놓고 대패질한다. 날카로운 대패날이 마치 정육점의 고기 써는 기계처럼 단면 방향의 나무를 잘라낼 것이다.

3. 작업을 진행하면서 이동식 직각자로 결과물을 바로 확인해본다.

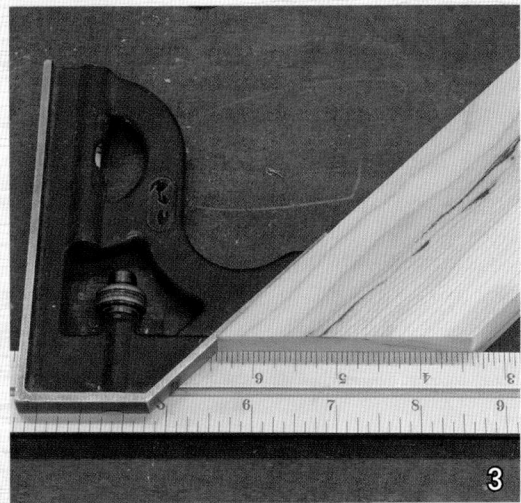

## 2장 | 턱·다도·홈짜임

이번 장에서는 본질적으로 업그레이드된 맞짜임을 설명하려 한다. 한쪽 부재에 홈을 만들고, 그것과 만나는 부재를 홈에 딱 맞도록 만들어주면 기계적 강도가 향상되고 접착면적이 넓어지는 효과를 얻을 수 있다. 수납장이나 서랍을 만드는 데 충분한 강도의 결합을 만들어낸다. 사전적 정의에 따르면 "Rabbet, Dado, Groove" 이렇게 세 단어는 기술적으로는 모두 홈(Groove)이지만 목공 분야에서는 구분해서 사용하며 각기 다른 특징을 가진다.

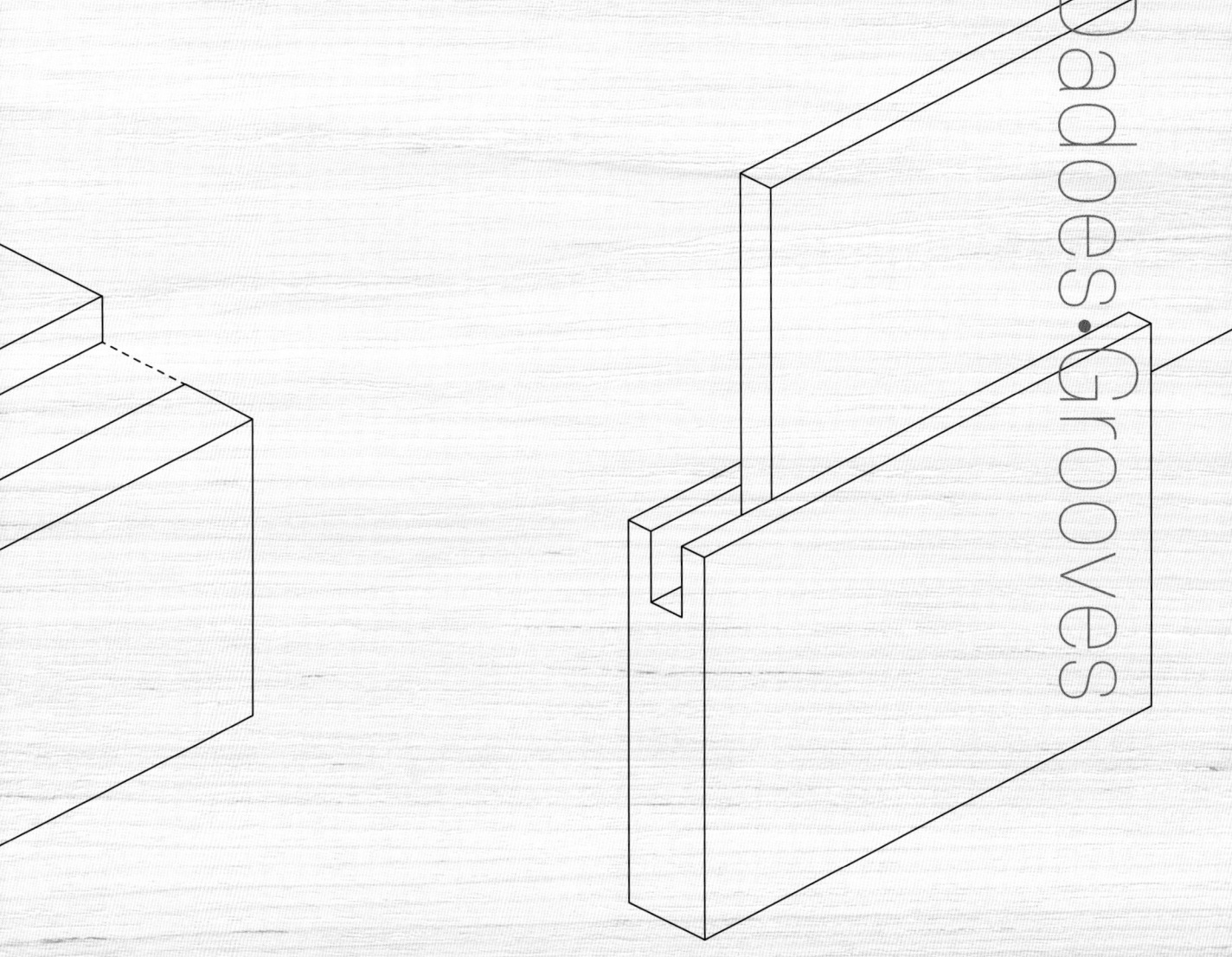

Rabbets·Dadoes·Grooves

# 결 방향 턱 장부 만들기
## Long-Grain Rabbets

결 방향 턱 장부는 부재의 결 방향을 따라 측면 또는 모서리에 두께 방향으로 일부를 잘라내는 것이다. 연결되는 부재는 턱에 자리 잡는다. 이 연결방법은 책장, 유리판을 끼우는 문, 상자 그리고 수납장의 뒤판 등에 많이 쓰인다.

## 적층식 다도날과 보조 펜스를 장착한 테이블쏘

### 도구

- 이동식 직각자
- 적층식 다도날을 장착한 테이블쏘
- 보조 펜스로 사용할 곧은 나무
- 클램프
- 안전밀대

1. 부재 절단면에 이동식 직각자로 원하는 턱 크기의 폭과 깊이를 표시한다. 일반적으로 폭은 연결할 부재의 두께와 같고, 깊이는 유동적이나 보통 턱을 만들어줄 부재 두께의 절반으로 한다.

2. 적층식 다도날을 테이블쏘에 설치할 때, 원하는 지점까지 턱의 폭보다 넓게 다도날을 겹쳐 장착한다. 예를 들어 원하는 폭이 12㎜라면 다도날은 12㎜보다는 넓게 설치해야 한다.

> **팁** 잘라낼 면에 잘 보이도록 선명하게 표시해놓는다. 그렇지 않으면 다른 면을 잘라내는 실수를 저지르기 쉽다.

3. 펜스에 부재를 밀착시키면서 다도 날의 왼쪽 날이 표시선의 바로 안쪽이 되도록 펜스 위치를 조정한다.

4. 안전밀대로 바닥과 펜스 쪽으로 일정한 압력을 가해준다. 페더보드도 도움이 된다.

5. 가조립해보고 펜스와 날 높이를 원하는 지점까지 조정한다. 재료를 망치지 않고 이 단계에서 조정을 완료할 수 있도록 처음 절단할 때의 설정값을 크게 바꾸지 않는 것이 좋다.

대부분 테이블쏘에는 다도날(또는 적층식 다도날)이라 부르는 넓은 면을 잘라낼 수 있는 특수 톱날을 장착할 수 있다. 이 환상적인 도구는 두 개의 바깥쪽 원형톱날과 내부에 칩퍼Chippers라는 톱날로 구성된다. 다양한 두께의 칩퍼와 끼움쇠를 더해서 $^1/_4$인치(6.35㎜)에서 거의 1인치(25.4㎜)폭의 톱날을 만들어낼 수 있다.

1. 부재 모서리는 보조 펜스를 장착해 잘라낸다. 그렇지 않으면 톱날에 의해 테이블쏘의 본래 펜스에 상처가 난다. 최소 12㎜ 두께의 자투리 나무와 두세 개의 클램프만 있으면 된다.

2. 다도날을 위한 톱날 공간을 만든다. 펜스를 움직여 보조 펜스판 두께의 절반 정도가 날에 겹치도록 한다. 본래 펜스에 너무 가까워지는 건 원치 않을 것이다. 보조 펜스를 클램프로 고정한 뒤 테이블쏘 전원을 켜고 톱날 높이를 18㎜ 정도까지 서서히 올린다(필요한 높이보다 더 높게). 이것을 펜스로 날을 덮어준다고 표현한다.

3. 펜스를 놓고 부재에 표시한 선에 날 높이를 맞춘다.

### 도구

- 이동식 직각자
- 각도 절단기
- 마이터 게이지

1. 부재의 절단면에 이동식 직각자로 원하는 턱 크기의 폭과 깊이를 표시한다. 일반적으로 폭은 연결할 부재의 두께와 같다. 깊이는 유동적이나 보통 턱을 만들어줄 부재 두께의 절반으로 한다.

2. 라우터에 일자 비트를 설치하고 표시선 바로 아래로 높이를 맞춘다.

3. 펜스에 부재를 바짝 밀착시키면서 비트가 표시선의 바로 안쪽에 위치하도록 펜스 위치를 조정한다. 만일 비트가 턱의 폭보다 작다면 두 번에 걸쳐서 턱을 가공해야 한다.

**팁** 날 위치를 정확하게 설정하려면 (장갑 낀 손이나 자투리 나무로) 비트날 끝을 일자로 돌려놨을 때 날이 펜스와 수직이 되도록 한다.

**팁** | 만일 홈의 폭이 12㎜ 이상이라면 안전과 깨끗한 결과를 위해서 두세 번에 나누어서 가공한다. 그렇게 하려면 펜스의 위치를 여러 번 바꾸거나 펜스의 위치는 고정하고 날 높이를 두 번 이상 조정해야 한다.

4. 첫 번째 절삭을 한다. 안전밀대로 바닥과 펜스 쪽으로 일정한 압력을 가해준다.

5. 두 번째 절삭을 한다. 펜스 위치를 조정해 비트가 표시선 바로 안쪽을 파도록 움직여서 턱을 완성한다.

6. 연결할 부재와 가조립해보면서 펜스를 재조정해서 다시 파낸다. 재료를 망치지 않고 이 단계에서 조정을 완료할 수 있도록 이번 설정값을 크게 바꾸지 않는 것이 좋다.

# 단면 방향 턱 장부 만들기
## Cross-Grain Rabbets

단면 방향 턱 장부는 부재의 절단면에 두께 방향으로 일부를 잘라내는 것이다. 연결되는 부재는 턱에 자리 잡는다. 이 연결 방법은 서랍, 수납장, 그리고 상자 등에 많이 사용된다.

## 적층식 다도날과 보조 펜스를 장착한 테이블쏘

### 도구

- 그므개
- 이동식 직각자
- 적층식 다도날을 장착한 테이블쏘
- 보조 펜스로 사용할 곧은 나무
- 클램프
- 마이터 게이지

1. 턱 장부의 어깨는 맞붙일 부재의 두께로 결정한다. 그므개를 그 두께에 맞춰 설정한다.

2. 턱을 만들어줄 부재에 어깨선을 긋는다. 이때 측면 부분에 어깨도 같이 그어 준다.

> **팁** 그므개로 선을 긋는 것이 필수는 아니지만 추천하는 작업이다. 그므개로 긋는 선은 연필보다 좀 더 정확하며 또한 섬유조직을 절단해 횡절단할 때에 거스름이 일어나는 것을 막아준다.

**3.** 이동식 직각자와 연필로 턱을 만들어줄 부재 횡단면부에 턱의 깊이를 표시한다. 그므개로 선을 그어도 되지만 치수가 민감한 부분에는 사용하지 않는다. 또한 거스름과는 상관없는 부분이라 연필선만으로도 쉽게 알아볼 수 있다. 부재 두께의 절반 정도가 좋다.

**4.** 적층식 다도날을 테이블쏘에 설치한다. 원하는 턱의 폭보다는 넓게 다도날을 겹쳐준다. 예를 들어 원하는 폭이 12㎜라면 다도날은 이보다는 넓게 설치되어야 한다.

**5.** 보조 펜스를 설치한다. 보조 펜스로 부재 모서리를 잘라내지 않으면 톱날에 의해 테이블쏘의 본래 펜스에 상처가 난다. 최소 12㎜ 두께의 자투리 나무와 두세 개의 클램프만 있으면 된다.

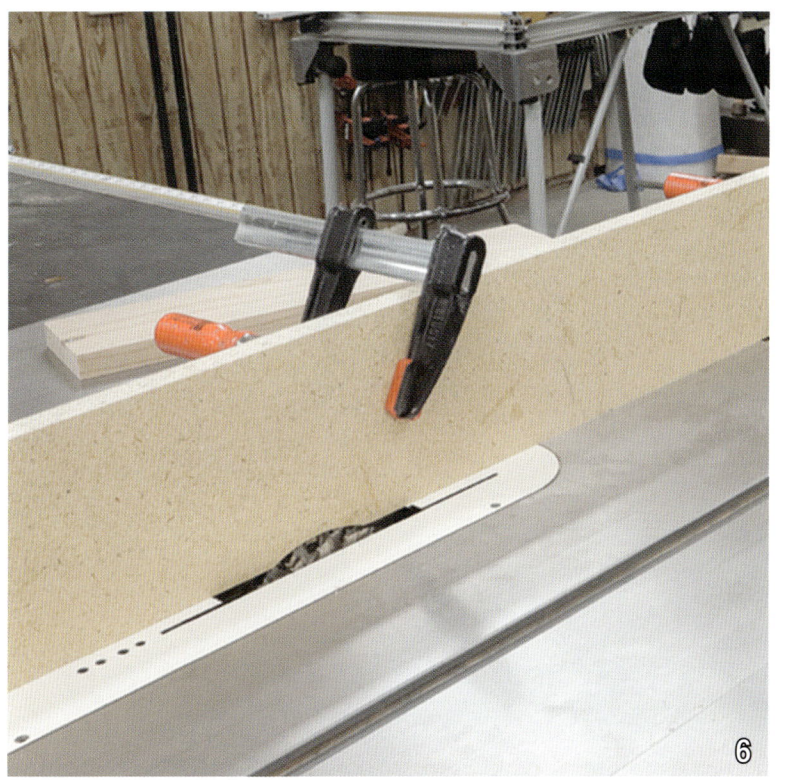

6. 다도날을 위한 톱날 공간을 만든다. 보조 펜스 두께의 절반 정도가 날에 겹치도록 펜스를 움직인다. 본래 펜스에 너무 가까워지는 건 원치 않을 것이다. 펜스를 고정하고 테이블쏘의 톱날 높이를 18㎜ 정도까지 서서히 올린다(필요한 높이보다 더 높게). 이것을 펜스로 날을 덮는다고 표현한다.

7. 펜스를 밀어 놓고 부재에 표시한 선을 따라서 날 높이를 조정한다.

8. 펜스에 부재를 밀착시키면서 다도날의 왼쪽 날이 그므개 칼 선의 바로 안쪽이 되도록 펜스 위치를 조정한다.

**9.** 펜스와 90도를 유지하기 위해 마이터 게이지의 도움을 받으며 턱 장부를 절단한다.

펜스와 마이터 게이지를 함께 사용하는 것은 이 경우 외에는 가급적 시도하지 말라. 킥백의 지름길이다. _옮긴이

**10.** 가조립해보고 펜스와 날 높이를 조정한다. 재료를 망치지 않고 이 단계에서 조정을 완료할 수 있도록 처음 절단할 때의 설정값을 크게 바꾸지 않는 것이 좋다.

## 도구

- 그므개
- 이동식 직각자
- 라우터 테이블
- 일자 비트(스파이럴 비트 추천)
- 마이터 게이지

1. 턱 장부의 어깨는 맞붙일 부재의 두께로 결정한다. 그므개를 그 두께에 맞춰 설정한다.

2. 턱을 만들 부재에 어깨선을 긋는다. 이때 측면 부분의 어깨선도 같이 긋는다.

3. 이동식 직각자와 연필로 턱을 만들 어줄 부재의 횡단면부에 턱 깊이를 표시한다. 그므개로 해도 되지만 치수가 민감한 부분에는 사용하지 않는다. 또한 거스름과는 상관없는 부분이라 연필선만으로도 쉽게 알아볼 수 있다. 부재 두께의 절반 정도가 좋다.

팁  턱 장부 어깨에 그므개를 사용
하지 않았다면 마이터 게이지에
나무로 보조 펜스를 덧댈 것을 추천한
다. 보조 펜스가 나무 조직을 받쳐줘서
절단할 때 제로클리어런스 역할을 해
준다. 보조 펜스를 이용한 깔끔한 절단
편[119쪽] 참조.

4. 라우터에 일자 비트를 설치하고 표
   시선 바로 아래로 높이를 맞춘다.

5. 비트 크기와 상관없이 어깨의 그므
   개선에 날이 살짝 닿도록 펜스를
   조정한다.

6. 여러 번에 나누어서 턱 장부를 절
   삭한다. 끝부분부터 시작해서 부재
   를 펜스에 밀착시키면서 절삭한다.

라베팅 비트는 비트와 라우터만 있으면 되므로 편리하다. 결 방향, 단면 방향 턱 장부에 모두 사용할 수 있지만, 이번 예에서는 유리판을 붙이기 위한 결 방향 턱 장부만을 보여준다.

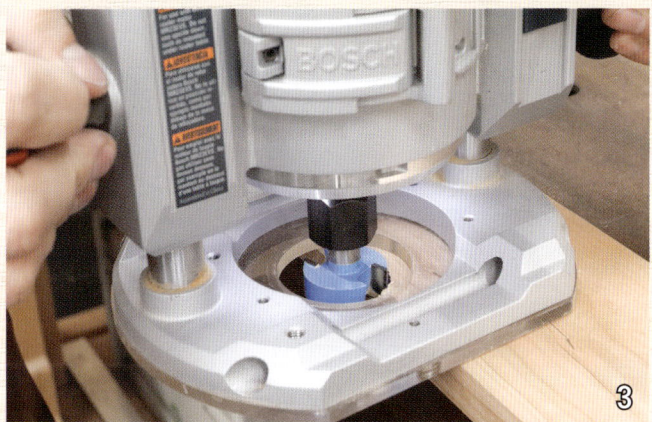

1. 라베팅 비트에 적절한 크기의 베어링을 설치하고 (베어링 크기에 따라 절삭 폭이 달라짐) 라우터에 장착한다.

2. 라우터는 뒤집어서 안전한 장소에 올려놓은 뒤, 유리판 두께에 맞춰 비트 높이를 조절한다. 사진에서는 자투리 나무가 유리판 대신한다.

3. 비트의 베어링이 부재 측면을 따라 가면서 턱을 파낸다.

4. 시험 절삭 후에 딱 맞을 때까지 조정한다. 이 경우에는 유리판이 프레임과 평면을 이뤄야 한다.

# 다도 홈 파기
## Dadoes

다도 홈은 판재 중간 부분에 결을 가로지르는 방향으로 두께의 일부를 파내는 것이다. 상자형 구조를 만들 때 가장 많이 이용하며 책장의 선반을 만드는 최고의 방법이다. 또한 상자나 서랍에도 가능한 홈 파기이다.

### 원목에 적층식 다도날과 마이터 게이지를 장착한 테이블쏘

**도구**

- 이동식 직각자
- 테이블쏘
- 다도날
- 손대패
- 선택사항 : 마이터 게이지와 안전밀대

1. 부재 측면에 다도 홈의 위치, 깊이와 폭을 표시한다.

2. 원하는 폭으로 다도날을 준비한다. 원목을 사용하며 끼워질 부재의 두께를 조절할 수 있기 때문에 다도날 폭은 흔히 기본 설정치($^1/_4$, $^1/_2$ 또는 $^3/_4$인치)를 사용한다.

   적층식 다도날은 보통 수입품밖에 없어서 인치 단위의 설정치가 편리하지만, 날 사이에 끼워서 두께를 미세 조절할 수 있는 원판들이 들어있어 원하는 크기(㎜)로 설정할 수 있다. _옮긴이

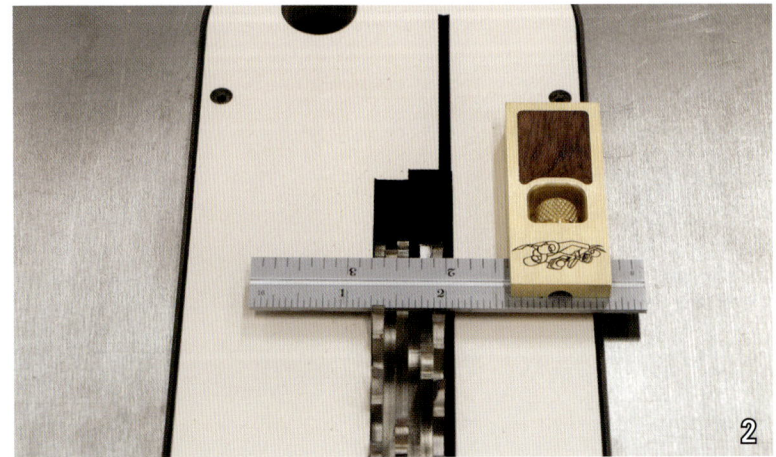

3. 다도날의 높이를 표시선 바로 아래
   로 맞춘다.

4. 부재를 펜스에 밀착시키고 다도날
   이 표시선 가운데 위치하도록 펜스
   위치를 조정한다.

5. 안전밀대로 부재를 눌러주면서 마
   이터 게이지로 다도 홈을 파낸다.
   판재 크기(특히 판재가 펜스에 닿
   는 면적)에 따라 마이터 게이지 없
   이도 안전하게 다도 홈을 가공할
   수 있다.

팁 │ 목공에서는 정확할 필요가 있는
   곳과 비슷한 위치만으로도 충분
한 곳이 어디인지를 아는 것이 중요하
다. 다도 홈을 팔 때도 홈의 정확한 위
치보다는 관련된 부품들 간에 정확히
동일한 위치에 다도 홈이 가공되어야
한다는 사실을 명심해야 한다. 책장을
예로 들면, 첫 번째 선반 높이가 300mm
인지 305mm인지보다, 양 측판에 정확히
같은 높이에 다도 홈이 파져야 함이 더
중요하다. 따라서 한 번 설정했을 때 유
사한 부품을 동시에 절단하도록 작업
을 설계해야 한다.

6. 시험 가공 후 다도 홈에 결합할 판
   재를 넣어 본다.

7. 만일 너무 빡빡하면 판재를 대패
   질, 사포질 또는 스크레이퍼로 긁어
   내서 두께를 조금 줄인다. 만일 판
   재 두께 가공이 완전히 마무리되었
   다면, 다도 홈에 들어갈 끝부분만
   살짝 얇게 만들기도 한다.

8. 결합을 확인하기 위해 판재를 다도
   홈에 끼워 본다. 결과가 만족스럽
   다면 프로젝트 내에서 같은 크기의
   모든 다도 홈 파기를 진행한다.

합판에 다도 홈을 파는 것은 원목에 가공하는 방법과 비슷하지만, 합판 두께가 일정하지 않은 데서 발생하는 몇 가지 차이점이 있다.

### 도구

- 이동식 직각자
- 테이블쏘
- 다도날
- 손대패
- 선택사항 : 마이터 게이지와 안전밀대

1. 이동식 직각자와 가는 연필로 부재 측면에 다도 홈의 위치, 깊이와 폭을 표시한다.

2. 합판의 두께에 맞춰 다도날을 준비한다. 합판은 한 장의 판 내에서도 판마다 두께가 일정하지 않다. 정확한 다도날 폭을 맞추려면 적층식 다도날의 칩퍼(chipper, 중간 평날)와 끼움쇠의 적절한 조합을 찾는다. 평평한 테이블 위에 다도날과 샘플 판재을 나란히 놓는다. 여러 가지 끼움쇠를 끼워 넣으면서 손가락으로 높이를 맞춰보면 첫 번째 시도만으로도 거의 완벽하게 들어맞는 다도날 설정을 만들어낼 수 있다.

3. 테이블쏘에 다도날을 설치하고 주축 너트를 단단히 잠근다.

> **팁** 잘라낼 면을 선명하게 표시한다. 그렇지 않으면 다른 면을 잘라내는 실수를 저지르기 쉽다.

**4.** 자투리 판재로 시험 절단해본다. 이 시점에서는 폭만을 다루고 있기 때문에 깊이는 중요하지 않다.

**5.** 가조립해보고 끼움쇠를 바꾸면서 다도날 폭의 설정을 조절한다.

**6.** 펜스를 조정한다. 원하는 높이로 설정한 다도날로 부재를 펜스에 붙이고, 판재에 그려진 기준선 사이에 다도날이 위치하도록 펜스를 조정한다.

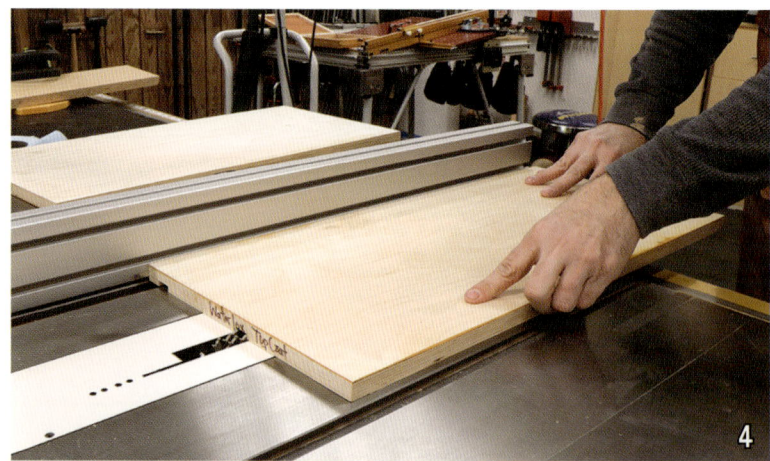

7. 안정성을 원한다면 마이터 게이지를 사용한다. 패널이 펜스에 비해 짧은 경우, 비틀리거나 킥백이 생기는 것을 방지하기 위해 마이터 게이지를 사용하는 것이 중요하다. 마이터 게이지와 패널을 클램프로 조여주면 안정성이 더해진다. 판재의 휘어짐을 이겨내기 위해서 일정하게 잘 눌러주는 것도 중요하다.

절단용 썰매를 만들어서 사용하는 것이 더 안전하다. _옮긴이

8. 판재를 다도 홈에 끼워보고 잘 맞는지 확인한다. 결과가 만족스러우면 프로젝트 내에서 같은 크기의 모든 다도 홈 파기를 진행한다.

**팁** 합판에 다도 홈을 파려면 약간의 예측이 필요하다. 합판 두께가 일치하지 않고 일부 판재는 휘어져 있기 때문에 '완벽하게 맞는' 다도 홈에는 수납장 부품을 끼울 수 없을 수도 있다. 작은 부품(300mm 이하)의 경우, 딱 맞는 다도 홈, 즉 조립망치로 쳤을 때 몇 번 두드려줘야 완전히 들어가는 정도를 목표로 한다. 판재가 더 넓은 경우 0.1~0.2mm 정도 여유있게 다도 홈을 설정하면 판재가 약간 휘어져 있어도 여분의 공간 때문에 조립이 쉬워진다.

## 도구

- 이동식 직각자
- 라우터
- 일자 비트
- 클램프 가이드

1. 이동식 직각자와 연필로 부재 측면에 다도 홈의 위치, 깊이와 폭을 표시한다. 다도 홈의 너비는 끼워지는 부재의 두께를 나타낸다.

2. 라우터에 적당한 일자 비트를 장착하고, 라우터를 뒤집은 후 원하는 절단 깊이로 날 높이를 설정한다.

3. 라우터 스페이서 블록을 만든다. 비트와 라우터 베이스의 외곽 모서리 사이의 간격에 정확히 맞는 폭의 막대를 제작하면, 추후 라우터를 다시 사용할 때도 쉽게 세팅할 수 있다. 이 스페이서 블록은 특정한 크기의 비트와 라우터 그리고 클램프 가이드를 함께 사용할 때 언제든지 편리하게 이용할 수 있다.

4. 스페이서 블록으로 가이드를 다도 홈의 기준선으로부터 적절한 거리로 자리잡고, 가이드를 설정한 위치에 조인다.

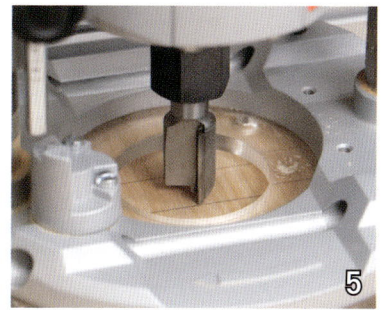 

5. 스페이서 블록이 계획한 폭으로 제작되었다면 라우터 비트는 완벽하게 자리 잡는다.

6. 클램프 가이드 쪽으로 강하고 일정한 힘으로 밀어주면서 다도 홈을 판다.

   라우터 비트의 회전 방향으로 인해 라우터 진행 방향의 왼쪽에 가이드가 있어야 한다. _옮긴이

7. 연결되는 판재는 이제 다도 홈에 딱 들어맞는다.

---

**실수 바로잡기 | 잘못 파낸 다도 홈 메우기**

다도 홈을 잘못 파는 순간 하루를 망친다. 덧댈 나무 조각은 작업물과 같은 결방향으로 다도 홈에 딱 맞게 자른다. 이는 동일하거나 더 넓은 너비의 판재를 찾아 끝부분을 횡절단해 쉽게 만들 수 있다. 대부분 결 방향이 일치하지 않고 결의 흐름을 방해하는 두 개의 명백한 선이 눈에 거슬릴 수 있다. 하지만 다행히 이런 실수는 장 내부에 완벽하게 가려지기 때문에 작업물이 쓰레기통으로 던져지는 걸 막는다.

1. 가능한 한 최대한 결 방향을 맞춰 덧 댈 나무 막대를 잘라낸다.

2. 덧 댈 나무를 접착하고 접착제가 건조되면 사포나 대패로 매끈하게 다듬는다.

## 도구

- 이동식 직각자
- 테이블쏘
- 클램프

1. 이동식 직각자와 가는 연필로 부재 앞면에 다도 홈의 위치를 표시한다. 다도 홈의 너비는 끼워지는 부재의 두께를 나타낸다.

2. 합판용 언더사이즈 라우터 비트를 라우터에 장착한다. 거의 대부분의 합판들이 정확히 6.5mm, 12mm, 또는 18mm 치수가 안 나오기 때문에 언더사이즈 비트가 만들어졌다. 이론적으로 이 비트들은 훌륭하다. 하지만 실제 현실에서는 두께가 천차만별이므로 항상 딱 들어맞는 것은 아니다. 하지만 이 언더사이즈 비트들이 기본 치수의 일자 비트보다는 조금 더 낫다.

3. 블록은 라우터 스페이서로 만든다. 비트와 라우터 베이스의 외곽 모서리 사이 간격에 정확히 맞는 폭을 가진 막대를 만들어 놓으면, 다음에 라우터를 사용할 때도 쉽게 세팅할 수 있다. 이 스페이서 블록은 특정한 크기의 비트와 라우터 그리고 클램프 가이드를 함께 사용할 때 언제든지 편리하게 이용할 수 있다.

합판 위에 다도 홈을 파는 것은 원목에 가공하는 방법과 비슷하지만 재료의 두께를 조절할 수 없다는 큰 차이점이 있다. 애석하게도 합판은 재료와 출처에 따라 두께가 들쭉날쭉하기로 악명 높다. 지금 바로 구매한 18mm 두께의 합판도 그보다 얇다. 이에 대처하기 위해, 라우터 비트 제작사들은 약간 작은 크기의 언더사이즈 비트를 만들기 시작했다. 만일 라우터 비트와 같은 크기로 합판 두께가 줄어든다면 환상적이지만, 그렇지 않다면 빡빡하거나 헐렁한 결합이 되고 만다. 하지만 대부분의 경우, 크기가 작게 나온 합판 전용 비트는 거의 들어맞을 것이고, 여기에서 설명할 방법이다.

국내 합판 크기에 맞는 언더사이즈 비트는 생산되지 않는다. 인치 단위를 사용하는 미국에서는 쉽게 구할 수 있다. _옮긴이

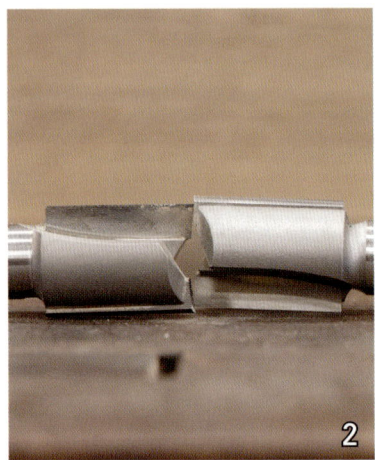

4. 스페이서 블록으로 가이드가 다도 홈의 기준선으로부터 적절한 거리를 유지한 후 가이드를 설정한 위치에 조인다.

5. 스페이서 블록이 원하는 폭으로 제작되었다면 라우터 비트는 완벽하게 자리 잡는다.

6. 클램프 가이드 쪽으로 일정하고, 강한 힘으로 밀면서 다도 홈을 판다.

**팁** 언더사이즈 비트를 구입하고 싶지 않다면, 다도 홈을 두 번에 걸쳐 가공하면 된다. 예를 들어 18㎜ 다도 홈을 파려면 12㎜ 직경의 비트로 조심스럽게 선을 맞춰 두 번 가공하면 된다.

7. 거스름을 제거한다. 합판을 결의
   직교 방향으로 횡절단하면 다도 홈
   모서리를 따라 거스름이 발생한다.
   이것들은 샌딩 블록으로 쉽게 제거
   할 수 있다.

8. 연결할 판재를 가조립해본다. 원목
   과는 다르게 다도 홈에 맞도록 두
   께를 조절할 수 없다. 만일 언더사
   이즈 합판용 비트로 만든다면 가지
   고 있는 치수에 맞는 합판만을 사
   용하게 된다. 작은 비트로 여러 번
   가공해야 한다면 치수에 맞도록 미
   세조정을 반복하게 된다.

## 원목에 일자 비트를 장착한 라우터 테이블에서 가공하는 경우

이번 내용은 원목에 초점을 맞추고 있지만, 언더사이즈 비트나 작은 직경의 비트로 여러 번 가공한다면 합판에도 같은 방법으로 가공할 수 있다.

### 도구

- 그므개
- 이동식 직각자
- 라우터 테이블
- 일자 비트(스파이럴 비트 추천)
- 마이터 게이지

1. 이동식 직각자와 가는 연필로 부재 측면에 다도 홈의 위치, 깊이와 폭을 표시한다.

2. 테이블 라우터에 적절한 직경의 일자 비트를 설치하고 부재에 표시한 선에 날의 높이와 펜스 위치를 조정한다.

3. 가공 안정성을 원한다면 마이터 게이지로 절단한다. 패널이 펜스에 비해 짧은 경우 비틀리거나 킥백이 발생하는 것을 방지하기 위해 마이터 게이지를 사용하는 것이 중요하다. 마이터 게이지와 패널을 클램프로 조여주면 안정성이 더해진다. 판재의 휘어짐을 이겨 내기 위해서 일정하게 잘 눌러주는 것도 중요하다.

4. 이제 연결될 판재가 다도 홈에 딱 끼워진다.

# 결 방향 홈 파기

## Grooves

앞 장 '다도 홈 파기'의 내용과 같다. 한 가지 차이는 홈이 결 방향으로 진행하는 점이고, 이를 다른 이름으로 부르는 것뿐이다. 여기서는 앞의 내용을 반복하지는 않고, 대신 목수에게 가장 흔한 홈파기 중 하나인 알판 패널용 홈파기를 다루고자한다. 패널용 홈파기는 프레임과 패널 구조의 문짝이나 프레임 패널 구조의 수납장을 제작할 때 사용된다.

---

### ▌일반 원형톱날을 장착한 테이블쏘

#### 도구

- 이동식 직각자
- 테이블쏘
- 페더보드

---

1. 부재에 표시할 것은 절단면 끝에 하나의 깊이 표시선과 중앙선뿐이다. 부재를 펜스에 밀착하고 날을 대충 중앙선에 맞추고, 깊이 표시선 바로 아래 위치하도록 날을 조정한다.

2. 한쪽 면을 펜스에 밀착해서 1차 절삭하고, 뒤집어 반대 면을 펜스에 밀착시켜 2차 절삭을 한다. 이렇게 만들어진 홈은 톱날의 절삭 두께보다 분명히 넓어져야 하지만 패널을 끼우기엔 넉넉하지 않을 수 있다.

> **팁** 프로젝트의 부품은 예비로 더 만드는 것이 좋다. 예비 부품으로 기계를 세팅하면 원래의 값비싼 재료들을 지켜낼 수 있다.

이것은 정확히 중앙에 위치하는 좁은 홈(3~6㎜)을 파기 위한 간이 방법이다. 정밀하게 표시하거나 특별한 두께의 톱날이 필요하지도 않다. 멋진 테이블쏘 트릭으로 톱날 절삭 두께보다 넓은 홈을 한가운데 만들어낼 수 있다.

3. 가조립을 해보면 얼마큼의 넓이로 홈을 파야 하는지 알 수 있다.

4. 펜스를 약간 조정한다. 항상 두 번 절단하는 것만 기억하고, 1㎜를 조정하면 실제로는 홈이 2㎜ 넓어지게 된다.

5. 다시 한번 절삭한다.

6. 다시 가조립해보고 맞을 때까지 과정을 반복한다. 홈 크기가 6㎜ 이하라면 두 번의 절삭만으로 모든 부품들을 가공할 수 있다.

## 도구

• 이동식 직각자
• 일자 비트
• 라우터 테이블

라우터 테이블을 사용하면 다양한 직경의 비트를 선택할 수 있다. 패널 두께에 딱 맞는 비트를 사용하거나 두 번 절삭하는 방법을 선택할 수 있다.

1. 첫 부재의 절단면에 홈의 위치를 표시하고, 그에 따라 날 높이를 조절한다.

2. 펜스에 부재를 밀착시키고, 날이 표시선 가운데 위치하도록 펜스의 위치를 조정한다.

3. 라우터로 홈을 판다. 만일 비트의 직경보다 넓은 홈을 만들고자 한다면 부재를 180도 돌리고, 펜스에 부재를 밀착한 상태로 한 번 더 절삭한다.

4. 패널과 가조립한다. 만일 패널이 원목이고 너무 빡빡하다면 패널을 사포질하거나 대패질을 해 딱 맞출 수 있다. 합판은 펜스를 조정해 홈을 약간 넓힌다. 홈이 너무 넓거나 패널이 헐렁하다면, 어느 경우든 세팅 과정을 반복하고 다시 시도하는 것이 가장 좋다. 여유 부품을 사용하는 것이 최선이다.

**팁** (장갑을 낀 손이나 자투리 나무로) 비트 날 끝을 일자로 돌렸을 때는 펜스와 수직이 되도록 만들고 설정하면 가장 정확하다.

# 결합의 보강
## Reinforcing The Joints

턱 장부를 자세히 살펴보면 한쪽은 절단면이고 다른 쪽은 정면 결합이다. 일반적인 맞짜임보다는 강하지만, 쓰임새에 따라 충분치 않을 수 있다.

## 목심으로 보강한 턱 장부

조립 후에 목심을 삽입하면 구조를 보강해줄 뿐만 아니라 색 대비가 큰 수종의 목심은 보기에도 좋다.

### 도구

- 이동식 직각자
- 드릴 비트
- 목봉
- 망치 또는 조립망치
- 플러그톱
- 사포

1. 접착제를 발라 조립한 후 굳으면 턱 장부에 연결되는 판재의 중심선과 목심을 박아 넣을 중심 위치를 표시한다.

2. 구멍을 뚫는다. 깊이를 표시하기 위해서 비트 주변에 파란 마스킹 테이프를 감아 준다. 각 구멍은 턱 장부 판을 통과해 연결되는 판재까지 닿도록 충분한 깊이로 뚫어야 한다.

3. 목심은 구멍 깊이보다 조금 길게
   자르고, 구멍과 목심에 접착제를
   바른다.

4. 목심이 바닥에 닿을 때까지 두들겨
   넣는다. 금속 망치를 사용할 때는
   망치 소리가 바뀌는 것을 잘 들어
   보라.

5. 플러그톱으로 튀어나온 부분은 잘
   라낸다.

6. 표면을 매끄럽게 다듬는다.

## 다도 결합의 보강

수납장이나 책장처럼 여러 개의 다도 홈에 선반들이 함께 끼워지는 경우에 다도 결합은 매우 강하다. 하지만 끼워진 판이 빠지지 않도록 추가적인 보강이 필요한 경우도 있다. 보강은 무두못, 나사, 목심, 또는 이들을 동시에 사용해도 된다. 여기서는 가장 선호하는 방법인 나무 플러그로 막는 나사를 소개한다.

**도구**

- 드릴
- 드릴 비트
- 카운터싱크 비트
- 플러그톱
- 클램프
- 사포

1. 다도 홈 내부에서 드릴 비트를 관통해 나사가 들어갈 위치를 표시한다.

2. 판재를 뒤집어 카운터 싱크 비트로 각각의 위치에 구멍을 뚫는다. 대부분의 카운터 싱크 비트는 구멍의 깊이를 조절할 수 있는데, 이는 나사의 머리 위로 얼마큼의 공간을 남길지를 결정하게 된다.

3. 접착제를 바른 후 조립한다. 만일 바로 나사를 박을 때는 클램프가 필요 없다.

**팁** 드릴을 관통할 때마다 판재 바닥에 자투리 나무를 덧대주는 것이 좋다. 이는 비트가 뚫고 나올 때 조직이 찢어지는 것을 막아준다.

4. 다도 홈을 지나 연결되는 판재까지 나사를 박는다. 이때 나사를 박기 전에 먼저 구멍을 한 번 더 뚫어주어야 판재가 쪼개지는 것을 방지할 수 있다.

5. 나무 봉을 작은 크기로 잘라서 접착제를 바르고 카운터 싱크 비트 구멍에 넣는다. 대비가 큰 재료는 장식적인 효과를 줄 수 있으며, 플러그를 정면 결의 같은 재료로 만들어주면 보강된 자국을 감출 수도 있다.

6. 표면에 플러그톱을 바짝 붙여 튀어나온 플러그를 잘라낸다.

7. 표면을 매끄럽게 사포질한다. 대비가 큰 목재 플러그는 마감 칠을 하게 되면 더욱 도드라진다.

턱 장부나 다도 같은 홈은 부재가 휘고 굽어지거나 또는 실수로 인해 깊이가 일정하지 않은 경우가 다반사이다. 경력이 많은 목수들은 이런 실수를 잘 하지 않지만, 공방을 방문한 다른 사람들의 실수로 내 작품이 망가질 수도 있기 때문에 이것을 수정하는 방법을 아는 건 중요하다. 라우터 플레인을 살펴보라.

1. 턱과 홈의 가장 낮은 부분을 찾아서 날을 그 높이에 맞춘다.

2. 라우터 플레인을 누르면서 앞으로 밀면 설정된 높이보다 조금이라도 높은 부분이 깎여 나간다. 대패는 바깥쪽 모서리 벽에서부터 중앙부로 움직이며 깎아낸다. 전체 결합부의 깊이가 일정해야 함을 기억하라.

## 3장 | 장부짜임

장부 결합은 목공 분야에서 가장 흔한 구조이다. 한쪽에는 깊은 구멍(암장부)을 파고 다른 한 부재의 끝을 구멍과 같은 크기로 잘라주면(숫장부), 함께 결합되었을 때 엄청난 기계적 강도와 접착면적을 가지게 된다.

# 장부구멍
## Mortises

장부구멍은 장부 결합에 있어 파내는 부분이다. 이렇게 파인 구멍으로 장부촉을 끼우면 된다. 장부구멍은 고정된 치수의 공구(라우터 비트, 드릴 비트, 또는 끌)로 구멍을 파기 때문에 일반적으로 먼저 가공한다.

목공에서는 대부분 오목하게 들어간 부분을 만들기가 더 어렵다. 특별한 장비가 없다면 정확한 치수로 파내는 것은 더욱 어려운 일이다. 그래서 구멍을 먼저 파고 거기에 장부를 맞추는 것이 쉽다. _옮긴이

## 선긋기로 시작

### 도구

- 이동식 직각자

1. 장부구멍의 길이를 표시한다.

2. 장부구멍의 폭을 표시한다. 구멍이 부재의 중심에 위치한다면 양쪽 면을 기준으로 안쪽으로 선을 그린다.

평평하고 직각으로 다듬어진 부재에 작업선을 그어준다. 이동식 직각자와 얇은 연필로 장부구멍을 팔 정확한 위치를 표시한다.

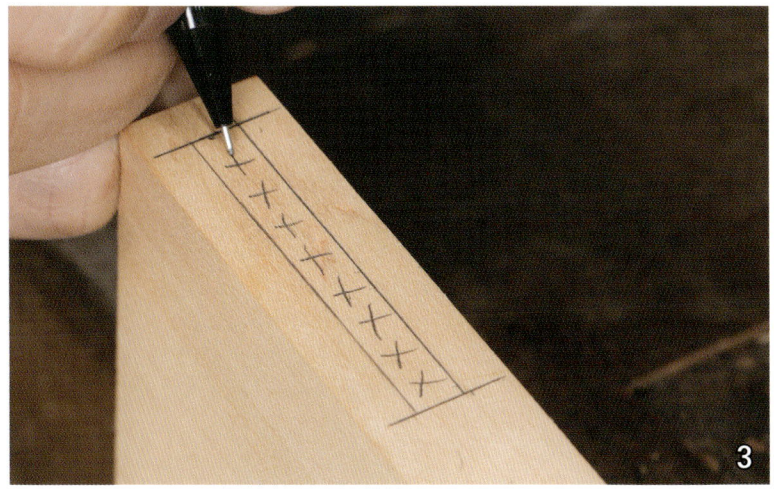

3. 장부구멍의 파낼 부분을 미리 명확하게 표시하는 것이 좋다.

4. 부재의 앞면에 장부구멍의 깊이를 표시한다.

5. 만일 여러 군데에 같은 치수를 표시해야 한다면, 하나의 부재에만 전체를 그려주면 된다. 하나의 부재에 여러 개의 장부구멍을 그려야 한다면, 다른 구멍은 시작과 끝만 표시한다. 이제 왜 이렇게 해도 되는지 알게 될 것이다.

장부구멍과 장부촉의 크기는 작업물과 재료, 그리고 누가 만드느냐에 따라 다르다. 여러분이 따를 만한 전통적인 규칙들은 있으나, 약간 혼동을 줄 수도 있고, 짜임이 완벽한 크기가 아니라 분리되어 버린다면 잘못된 인식을 심어줄 수도 있다.

그래서 이 책은 일반적으로 초보자들을 대상으로 하고 있기 때문에 기본적인 가이드라인만 제시하고자 한다. 일단 짜임에 대해 조금 더 이해하게 되면 학문적인 연습으로써 전통적인 장부 결합 크기에 대해 좀 더 연구해볼 필요가 있다. 그러나 지금은 단순하게 생각하고 상식선에서 접근한다. 장부촉의 비율이 잘못되거나(너무 길거나 또는 얇게), 장부구멍이 너무 크다면(너무 깊거나 장부 벽이 얇거나) 설정을 바꾸고 싶을 것이다.

## 장부의 두께

만일 장부구멍에 끼워지는 부재와 같은 두께의 부재에 장부를 만든다면 그 두께는 부재 두께의 3분의 1로 한다. 예를 들어 18mm 두께의 부재를 서로 연결한다면 장부의 두께는 6mm이다. 이때 장부구멍 벽의 두께는 6mm이며 대부분의 용도에서 충분한 강도를 가진다. 만일 여기서 벽이 얇아지면 강도도 약해질 것이다.

장부구멍을 만들어줄 부재가 장부를 만드는 부재보다 두껍다면 장부 두께를 키워도 된다. 만일 18mm 두께의 가로대를 48mm 두께의 테이블 다리에 결합한다면 장부 두께는 9mm 또는 12mm로 만들어주는 것이 좋다. 장부 어깨는 적어도 3~4mm는 확보해야 한다. 48mm 두께의 다리에 만들어준 장부구멍의 주위에는 충분히 두툼한 벽을 가진다.

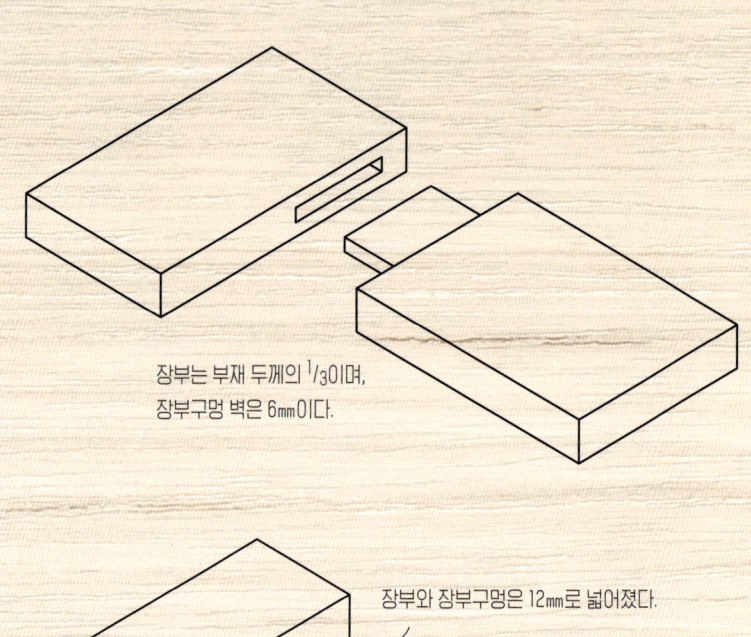

장부는 부재 두께의 $1/3$이며,
장부구멍 벽은 6mm이다.

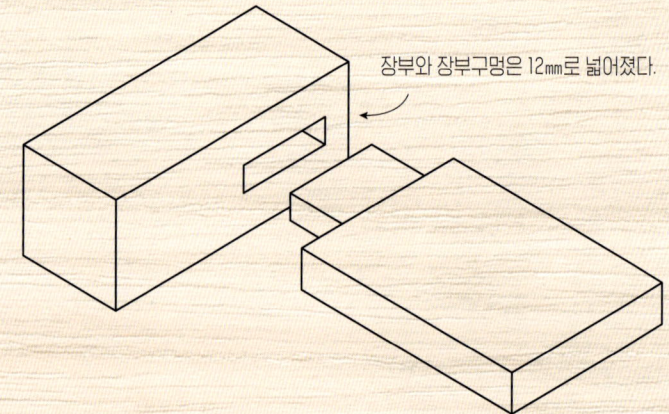

장부와 장부구멍은 12mm로 넓어졌다.

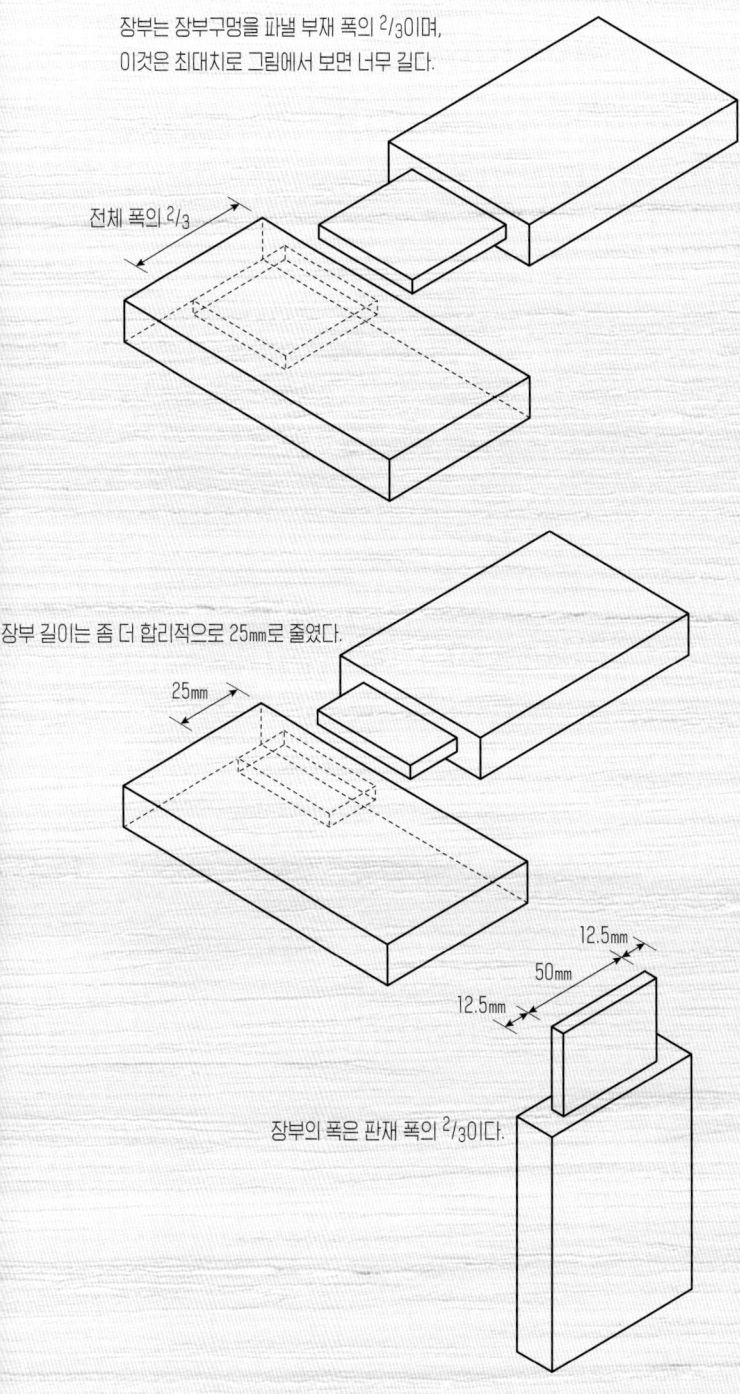

장부는 장부구멍을 파낼 부재 폭의 $2/3$이며, 이것은 최대치로 그림에서 보면 너무 길다.

전체 폭의 $2/3$

장부 길이는 좀 더 합리적으로 25㎜로 줄였다.

25mm

장부의 폭은 판재 폭의 $2/3$이다.

12.5mm
50mm
12.5mm

## 장부의 길이

장부 길이는 매우 가변적이다. 진짜 제한적인 요소는 장부구멍에 있기 때문에 장부 길이가 아닌 장부구멍의 깊이를 생각해봐야 한다. 일반적으로 구멍 방향으로 부재 폭의 $2/3$ 이상을 파지 않는다. 75㎜ 폭에 20㎜ 두께의 부재로 만든 문틀을 생각해보자. 이때 장부구멍 깊이(장부 길이)는 최대 50㎜임을 명심하자.

상식적으로 자문해보면 간단한 문틀을 제작하는데 진짜 50㎜ 길이의 장부촉이 필요할까? 또한 50㎜ 깊이의 구멍을 쉽게 파낼 도구를 사용하고 있는가?

대부분의 경우 위의 두 질문에 대한 답은 '아니다'일 것이다. 따라서 장부구멍의 깊이를 25~32㎜정도로 줄이는 것이 아주 합리적일 것이며, 파내기도 쉽고 보통의 문틀 용도라면 충분한 강도를 가질 것이다.

## 장부의 폭

장부를 만드는 부재 폭의 $2/3$을 목표로 제작한다. 예를 들어 75㎜ 폭의 판재라면 50㎜ 폭의 장부를 만들고, 각 면에 대해 약 7.5㎜정도의 어깨 면을 만든다. 이 경험 규칙은 100㎜ 이내 폭의 장부에는 잘 적용되지만, 그보다 커진다면 장부를 하나로 쓰는 것보다는 여러 개로 나누는 것이 좋다. 하지만 이것은 이 책에서 다루는 내용을 넘어선다.

## 도구

- 드릴 프레스 또는 전동 드릴
- 브레드 포인트 드릴 비트
- 끌과 망치
- 자투리 나무(끌 가이드용)
- 클램프

1. 장부 두께에 맞는 드릴 비트를 선택한다. 목공용 드릴 비트인 브레드 포인트 드릴 비트로 작업하는 것이 좋은데, 끝부분에 있는 침이 비트가 똑바로 들어갈 수 있게 도와준다.

2. 드릴 프레스로 만드는 경우 판재 앞면의 깊이 기준선에 맞춰 스톱 세팅한다. 비트의 끝이 선 조금 아래에 위치하도록 맞춘다.

3. 드릴 비트가 장부구멍의 중앙에 위치하도록 펜스를 설정한다. 페더보드로 안정적인 자리를 잡아준다.

4. 장부구멍 한쪽 끝에서 반대쪽으로 구멍을 뚫으며 진행한다. 구멍을 뚫는 곳은 비트가 들어가는 주변에 나무가 완전히 둘러싸고 있는 부분이어야 하며 끝부분의 침이 닿지 않는 부분을 뚫고자 하면 비트가 부재를 휘젓게 만들 수도 있다.

드릴과 끌로 장부구멍을 파는 방법은 가장 간단하지만, 결코 쉽지 않은 방법이다. 정확도를 위해 드릴 프레스보다 전동 드릴로 작업하는 것이 좋다. 드릴 비트가 구멍 내부를 파내고 끌로 장부구멍의 크기와 모양을 다듬는다.

**팁** 나무 면에 수직으로 끌질하는 것은 생각보다 까다롭다. 끌이 삐뚤어진 채로 끌질하게 되면 장부구멍 또한 살짝 경사지게 된다. 결과적으로 장부를 넣을 때 경사에 걸려 바닥까지 닿지 않는 경우도 생긴다.

5. 장부구멍의 끝 선 위에 끌을 올리고 끌질을 한다.

6. 순간접착제로 끌 가이드를 만든다. 끌 가이드를 사용하면 장부 벽을 끌로 정리할 때 끌의 위치를 잡는 데 도움을 준다.

7. 클램프로 가이드를 부재 모서리에 고정하면, 장부구멍을 정리할 때 가이드가 끌을 유도해준다.

8. 부재에 고정된 가이드에 끌의 뒷면을 밀착시킨다. 끌을 누르면서 장부 구멍 벽을 정리한다. 가이드에 의지하면서 끌에 일정한 힘을 준다.

9. 가이드를 반대 면으로 이동시켜 끌질을 반복한다.

10. 끌로 장부구멍 안에 남아있는 찌꺼기를 제거하고 확인한다. 장부구멍 벽은 매끄럽지 않아도 된다.

## 에지 가이드를 장착한 플런지 라우터

에지 가이드를 장착한 플런지 라우터만큼 다양한 작업을 해낼 수 있는 장비도 없다. 시중에는 장부구멍 가공용 도구와 지그가 많이 출시되어 있지만, 이 테크닉 하나만 잘 알아 둔다면 지그나 장치들의 성능이 떨어질 때 항상 든든한 옵션이 될 수 있다.

### 도구

• 이동식 직각자
• 라우터(플런지 타입 추천)
• 에지 가이드
• 일자 비트(스파이럴 추천)

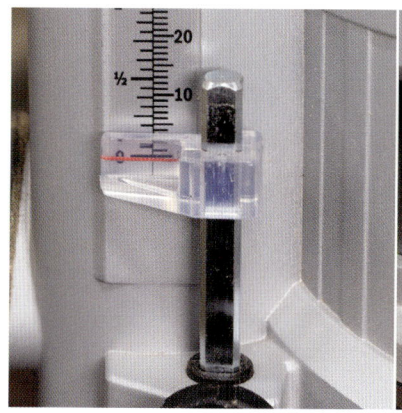
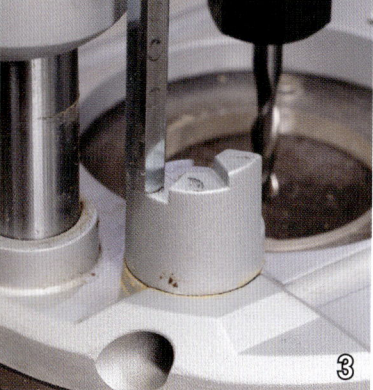

1. 장부 두께에 맞는 일자 비트를 선택한다. 가장 많이 사용하는 장부 크기인 6mm, 9mm, 그리고 12mm 직경의 업컷 스파이럴 비트가 사용하기에 더 좋다. 스파이럴 비트가 좀 더 비싸기는 하나 깊이를 파는 것이 쉽고 절삭면이 깨끗하며, 일반적인 일자 비트보다 수명도 길다.

2. 비트를 장착하고 전원을 내린 상태에서 작업대 내 평평한 면 위에 올리고, 플런지 라우터를 비트가 바닥에 살짝 닿을 때까지 누른다.

3. 회전식 정지 블록을 가장 낮은 위치로 돌린 뒤, 깊이 게이지 막대가 정지 블록에 닿는지 확인하고 깊이 포인터를 0으로 설정한다.

4. 깊이 게이지 막대를 원하는 장부구멍 깊이로 올리고 고정 볼트를 잠근다. 이제 라우터는 원하는 깊이까지 파낼 수 있도록 세팅됐다. 만일 장부구멍이 12㎜ 정도보다 깊다면 구멍을 두세 번에 나눠서 팔 수 있도록 회전식 정지 블록을 돌려준다.

5. 부재의 표면적을 넓혀서 라우터가 안정적으로 부재에 올라탈 수 있도록 부재를 앞뒤로 겹쳐준다. 만일 장부구멍이 부재 중앙에 위치한다면 덧대주는 판재들 또한 같은 두께를 사용하라.

6. 비트가 장부구멍의 중앙에 위치하도록 에지 가이드를 설정한다. 이때 날의 끝부분을 장부구멍과 수직을 이루도록 돌려놓고 설정한다. 이렇게 하면 쉽게 비트를 선에 맞춰 정확하게 설정할 수 있다.

7. 장부구멍의 한쪽 끝을 전체 깊이로 뚫고 비트를 들어 올린다.

8. 장부구멍의 다른 쪽 끝을 전체 깊이로 뚫으면 장부구멍의 시작과 끝이 설정된 것이다. 이것이 일종의 안전지대가 되어 나머지 중앙부를 파낼 때 소리와 가공되는 느낌으로 가공 영역을 확인할 수 있다.

9. 미리 파놓은 양쪽 구멍 사이 부분을 제거하기 위해 한쪽 끝부분부터 라우터로 파낸다. 만일 장부구멍이 12㎜보다 깊다면 구멍을 여러 번에 나눠서 팔 수 있도록 회전식 정지 블록을 돌려준다.

10. 만일 중앙의 장부구멍을 내야 한다면 라우터를 돌려서 가이드가 반대 면에 닿게 한 뒤 전체 깊이를 한 번에 파낸다. 만일 처음부터 시각적으로 중앙부에 비트가 위치해 있었다면 이번 단계에서 절삭되는 양은 많지 않을 것이다.

11. 가공이 완료된 장부구멍의 결과는 비트의 직경보다 조금 넓고 완벽하게 중앙에 위치해 있을 것이다. 아직 장부측은 만들지 않기 때문에 약간 두꺼워진 장부구멍은 아무런 문제가 되지 않는다.

| **잘못 파낸 장부구멍 메우기**

이 책에서는 작업을 시작하기 전에 잘 보이게 표시할 것을 자주 강조하는데, 그 누구도 실수하는 것을 좋아하지 않기 때문이다. 잠재적인 강박을 가지고 있어도 누군가는 때때로 정신 줄을 놓거나 또는 측정 오류 때문에 장부구멍을 잘못 팔 수 있다. 아래 사진의 예를 보면 장부구멍이 선에서 약간 벗어나 있다. 구멍을 채우고 적절한 위치에서 구멍을 다시 파는 것으로 수정할 수 있다.

1. 구멍에 딱 맞는 땜질용 나무를 잘라낸다. 이 구멍은 라우터로 가공했기 때문에 땜질용 나무의 양 끝은 모서리가 둥글어야 한다. 땜질용 나무는 절단면 결로는 만들기 쉽지만, 결 방향이 더 보기 좋다. 여기서는 결 방향으로 제작했다.

2. 접착제를 바르고 땜질용 나무를 망치로 두들겨 박는다. 접착제가 굳으면 플러그톱으로 튀어나온 부분을 잘라내고 대패나 사포로 매끄럽게 다듬는다.

3. 장부구멍 위치를 적절한 곳에 표시하고 다시 가공한다. 여기서는 장부 어깨가 실수를 완전히 가리지 못했지만, 땜질용 나무를 결 방향으로 만들어주면 수정된 곳을 쉽게 찾을 수 없다.

## 각끌기

각끌기는 장부구멍을 파내는 단 하나의 특수 임무를 위해 탄생한 환상적인 장비이다. 이 기계는 드릴 프레스와 같은 방식으로 작동된다. 절식을 위한 드릴 비트가 정사각형의 끌로 둘러싸인 구조로 되어 있다. 일단 비트가 앞서가며 둥근 구멍을 뚫으면, 정사각형의 끌이 뒤따라 내려오면서 둥근 구멍을 사각 구멍으로 바꿔준다. 이것을 위한 지렛대가 필요하기 때문에 각끌기에는 매우 긴 손잡이가 달려있다. 장점은 쓸만한 사각 장부구멍을 매우 빠르게 파낼 수 있다는 점이고, 단점으로는 세팅이 조금 어렵고, 장부구멍의 벽이 매우 거칠며, 단단한 나무를 사용하는 경우 상당한 힘이 필요하다.

### 도구

• 각끌기   • 클램프

1. 판재의 앞면에 그려 놓은 깊이 기준선에 맞춰 각끌기의 깊이 게이지를 설정한다. 각끌기 날 끝의 네 개의 침 부분이 기준선 바로 아래에 위치하도록 맞추는 것이 좋다.

2. 각끌기 날이 장부구멍의 중앙에 위치하도록 펜스를 조정하고, 원한다면 반복적인 위치 설정을 위한 스톱 블록을 설치한다.

3. 장부구멍의 안쪽 끝부분부터 구멍을 뚫는다. 작업은 톱밥을 깨끗이 치우면서, 천천히 해야 비트가 열을 받지 않는다.

조직이 단단하고 치밀한 목재를 가공하다 보면 연기가 날 정도로 비트가 열을 받아 색이 푸르게 변하는 경우도 있다. 그렇다고 급히 물로 식히는 일은 절대 하지 말라. 열처리가 망가지면서 비트가 쉽게 깨지는 경우도 있다. 가급적 일을 멈추고 자연스럽게 열을 식힌다. _옮긴이

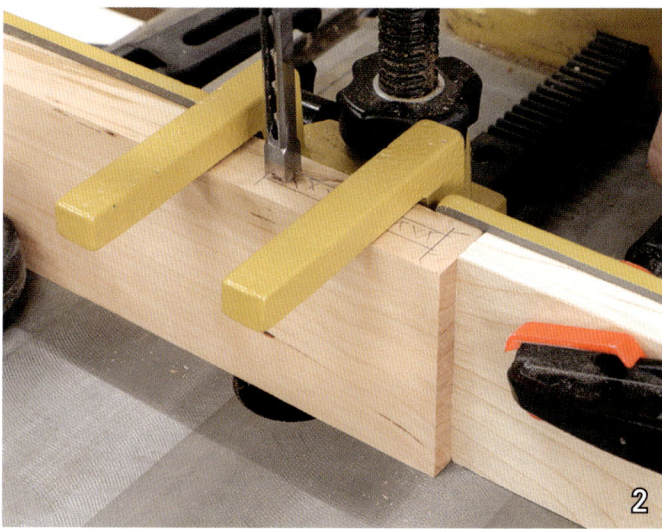

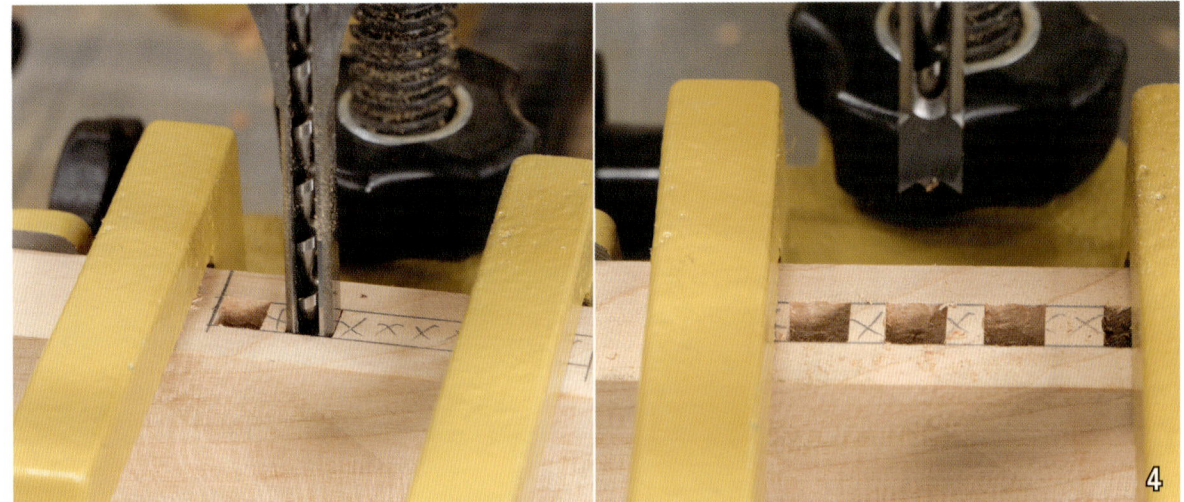

4. 구멍을 뚫으면서 사이사이 작은 지
지점을 남긴다. 비트의 사방에 나
무가 없으면 날이 뚫고 내려가면서
비스듬히 밀릴 수도 있다.

5. 반대쪽 끝 구멍을 뚫고 나서 다시
앞으로 움직여서 아까 남겨놓은 작
은 지지점들을 제거한다.

6. 마지막으로 끌로 바닥에 남아있는
찌꺼기들을 제거하면 장부구멍이
완성된다.

# 장부
## Tenons

장부는 장부 결합에 있어 장부구멍에 들어가는 부분이다. 연결될 장부구멍의 크기에 맞춰 부재의 끝부분을 잘라내 만든다. 장부는 여러 방법으로 만들 수 있으며, 장부구멍을 파낸 뒤에 만들기 때문에 어떠한 방법으로도 완벽히 딱 맞출 수 있다.

## 시작은 선긋기부터

평평하고 직각으로 다듬어진 부재에 작업선을 그려야 한다. 선긋기 도구는 다양한데 개인의 취향에 따라 결정한다. 여기서는 작은 칼이 달린 그므개로 장부의 어깨에 칼 선을 그어준다. 결 반대 방향으로 그어진 칼 선은 기계를 설정할 때 시각적인 기준선이 될 뿐만 아니라 미리 결을 끊어 놓아서 결이 일어나는 것을 막아준다. 이동식 직각자와 0.5㎜ 샤프를 사용한다.

### 도구

- 그므개
- 이동식 직각자

1. 원하는 장부 길이에 맞춰 그므개를 설정한다. 장부구멍 내부에 접착제와 공기를 위한 여유 공간이 필요하므로 장부 길이는 구멍 깊이보다 1~2㎜ 짧게 설정한다.

2. 그므개로 부재의 네 면에 모두 어깨선을 그어준다.

3. 샤프와 이동식 직각자로 판재의 절
   단면에 장부 두께와 폭을 그려준다.

4. 자르기 전에 다시 한번 확인한다.
   장부구멍이 이미 가공되어 있으니
   구멍에 대고 작업선을 바로 확인하
   는 것이 좋다.

## 적층식 다도날과 마이터 게이지를 장착한 테이블쏘

대부분의 테이블쏘들은 하나의 원형톱날 대신에 적층식 다도날 같은 특수톱날도 장착할 수 있다. 적층식 다도날은 양쪽 톱날 사이에 칩퍼라 부르는 별도의 톱날을 끼워 3㎜ 두께의 톱날보다 훨씬 큰 폭을 한 번에 잘라낼 수 있다. 마이터 게이지를 함께 사용한다면 빠르고 정확하게 장부를 만들 수 있다.

### 도구

- 테이블쏘
- 적층식 다도날
- 마이터 게이지

1. 테이블쏘 주축이 허용하는 만큼 최대치로 다도날을 겹쳐놓는다. 보통 22㎜($^7/_8$인치) 정도가 최대폭이다.

2. 작업선 바로 아래로 날 높이를 맞춘다. 일단 살짝 크게 장부를 가공하는 것이 완벽히 맞출 수 있는 비결이다.

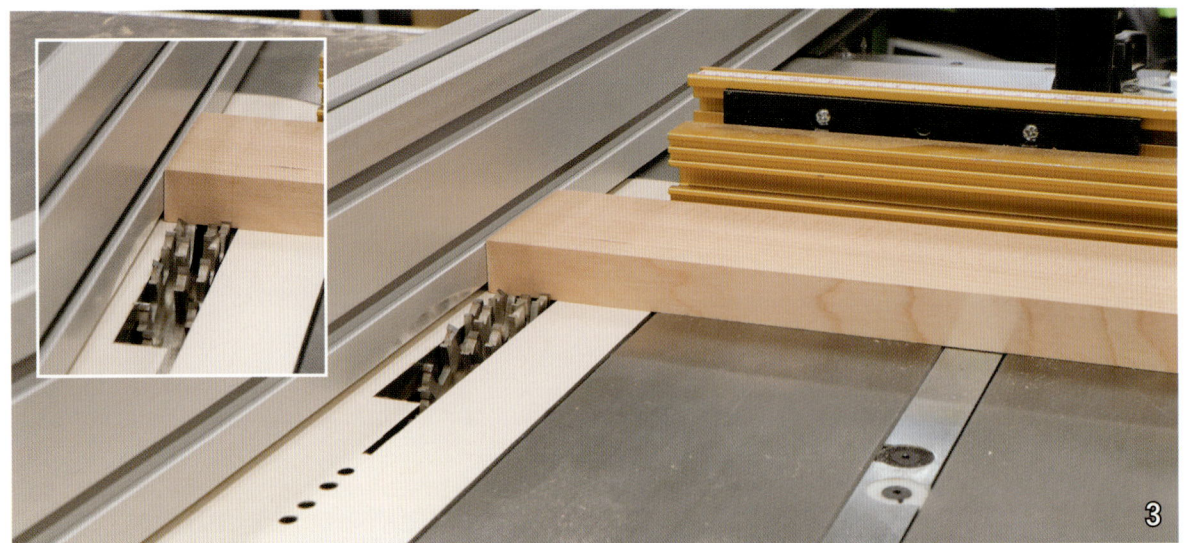

3

3. 마이터 게이지를 장착한 다음 부재 어깨선에 다도날의 왼쪽 날 끝이 살짝 닿는 위치로 펜스를 조정한다.

4. 부재 끝 3~4㎜ 정도만 양면을 시험 절단해본다. 이 방법을 사용하면 잘못 설정할 위험을 줄여준다. 만일 너무 얇아 헐렁하게 잘렸더라도 남은 부분을 가지고 오류를 수정하면 된다.

5. 미리 뚫어 놓은 장부구멍에 장부를 끼워 본다. 이때 장부는 조금 빡빡해야 한다.

6. 날 높이를 조금씩 조정하면서 완벽히 딱 들어맞을 때까지 반복한다. (119쪽 상단 참조)

4

5

6

7. 세팅이 완료되면 부재 양면의 장부 어깨선까지 남은 부분을 모두 잘라 낸다. 펜스는 멈춤쇠 역할을 한다.

8. 장부 어깨의 측면을 잘라낸다. 여기에서는 장부의 네 면의 어깨가 모두 같으므로 어깨의 측면부를 자르기 위해 따로 날 높이를 조절할 필요는 없다.

9. 가조립할 때 망치로 치지 않아도 힘을 가하면 장부가 들어가야 한다.

> **팁** 만일 장부 어깨의 크기가 다르다면, 전체 부재의 모든 장부의 뺨(장부촉의 앞뒷면)을 먼저 잘라낼 것을 추천한다. 일단 뺨을 다 잘라내고 날 높이를 바꾼 뒤, 어깨의 좌우측면을 날린다. 가장 중요한 것은 설정을 바꿈으로써 생기는 오류를 최소화하기 위해 작업 과정을 묶어서 한꺼번에 처리하는 것이 중요하다.

맞춤 조정하기

다양한 부재들에 여러 장부들을 가공하다 보면 필연적으로 장부들끼리 약간 다를 수밖에 없다. 대부분의 장부들을 조금 넉넉한 크기로 맞춰주는 것이 현명하며, 이는 추후 수공구로 완벽하게 맞출 수 있다.

**1.** 장부를 얇게 깎기 위해 먼저 끌로 장부 모서리를 45도로 살짝 깎아주면 대패질할 때 뜯겨 나가지 않는다.

**2.** 턱대패(레빗 플레인)나 숄더 플레인을 장부 어깨쪽에 바짝 붙이고 가볍게 한두 번 밀어준다. 장부가 완벽히 중앙에 위치하도록 양면을 같은 횟수로 대패질한다.

**3.** 때때로 양쪽 어깨 부분에 살짝 남은 부분이 결합부의 밀착을 방해하는 경우도 있다. 날카로운 끌로 남은 부분을 깨끗이 제거한다.

**4.** 가조립 후 원하는 작업이 될 때까지 대패질을 반복한다.

딱 맞는다는 것은 어떤 것인가?

짜임을 이야기하다 보면 '딱 맞게'라는 표현이 많이 나오는데 그것은 정확히 어떤 의미일까? 내 생각엔 딱 맞는 짜임은 조립할 때 망치로 치지 않고, 손으로도 결합이 가능한 상태이다. 일단 결합 상태에서 쑥 빠지면 안 된다. '마찰 결합'이라고도 하는데, 서로의 마찰력에 의해 결합이 유지되는 이상적인 상황을 설명하는 것이다. 수성 접착제는 나무 조직을 불어나게 만드는 것을 잊지 말라. 만일 가조립할 때 망치가 필요한 상황이면 접착제가 발라진 부재들을 조립하기에 매우 어려울 수도 있다.

보조 펜스를 이용한 깔끔한 절단

이 책에서는 결의 뜯김 없이 나뭇결을 횡절단하기 위해 그므개를 자주 사용하는 것을 볼 것이다. 또 다른 좋은 방법은 마이터 게이지 펜스에 보조 펜스로 작업하는 것이다. 보조 펜스로는 곧은 자투리 나무로 마이터 게이지 펜스를 연장해서 날이 지나가는 경로를 지나야 한다. 이 펜스는 부재를 자르는 동안 부재의 섬유조직을 받쳐주면서 결이 뜯어지는 것을 막는다.

1. 양면테이프나 T트랙용 하드웨어로 보조 펜스를 붙인다. 펜스가 톱날을 덮어주면서 날과 펜스 사이의 유격이 0인 개구부가 형성되고 절단 중에 목재의 섬유조직을 받쳐준다.

2. 뜯김 없이 깨끗이 절단했다. 나는 항상 그므개로 장부 어깨선을 그어주고, 보조 펜스를 함께 사용하는 것을 즐겨한다.

## 도구

- 테이블쏘
- 장부 지그
- 마이터 게이지

장부 지그(테논 지그)는 테이블쏘 정반 위 마이터 게이지를 위한 슬롯에 끼워 앞뒤로 움직일 수 있게 하는 지그이다. 부재를 수직으로 단단히 잡아주는 이 지그의 장점은 장부의 뺨(촉의 앞뒷면)을 한 번의 움직임으로 신속하고 효율적으로 절단해주며, 결과물 또한 놀랍도록 깔끔하다. 또한 이 지그는 다이얼을 돌려서 아주 쉽게 완벽한 설정을 할 수 있는 미세조정 장치를 가지고 있는 것이 특징이다. 구조가 견고해 믿을 수 없을 정도로 일정한 결과를 만들어내며, 많은 장부를 한꺼번에 만들어야 할 때 완벽한 도구다.

1. 부재의 장부 표시선에 날 높이를 맞춘다. 날이 연필선에 살짝 닿게 설정한다.

2. 마이터 게이지를 장착하고 톱날이 장부 어깨선 바로 안쪽에 위치하게 맞춘다. 펜스 자체를 스토퍼로할 수도 있고, 부재가 짧다면 중간 펜스에 장착된 스토퍼로 작업할 수도 있다. 양면을 모두 잘라 긴 어깨선을 만든다.

3. 장부 측면의 짧은 어깨선을 자르고 장부 폭의 나머지 부분을 여러 번 조금씩 잘라낸다.

4. 앞 단계에서 잘라진 장부 어깨의 톱선에 맞춰서 날 높이를 올린다.

5. 부재를 장부 지그에 장착한다. 클램프로 단단히 고정하고 테이블쏘의 정반에 대해 완벽히 직각인지 확인한다.

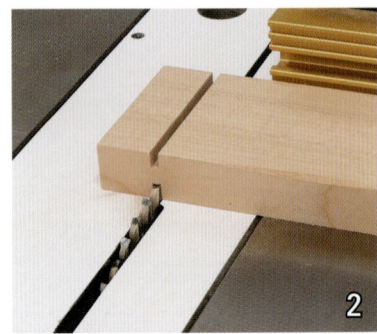

6. 지그의 미세조정 장치로 부재를 장부 표시선의 바로 바깥쪽을 자를 수 있도록 움직인다. 이때 장부의 측면을 잘려져 있으면 선을 다시 그려야 한다. 정확히 맞추기 위해 장부측을 살짝 크게 잘라내는 것이 목표이다.

7. 한쪽 뺨(장부의 앞면)을 절단한다.

8. 부재를 뒤집어 반대쪽 뺨을 자른다.

9. 하나의 장부구멍에 끼워서 가조립 해본다. 꼭 구멍보다 커야 한다.

10. 미세조정 손잡이를 돌려서 부재를 톱날 쪽으로 아주 살짝 밀고 절단을 반복한다.

11. 완벽한 결합을 위해 계속 작업을 한다. 같은 크기의 장부를 가공하기 위해 현재의 세팅을 유지한다.

목공에서 흔히 하는 말 중에 "한 번 자른 나무는 되돌릴 수 없다"가 있다. 하지만 그게 정말 사실일까? 자른 장부가 너무 헐렁해졌을 때, 정확히 고쳐 놓는 방법은 나무를 다시 붙이는 것이다. 장부에 나무 조각을 얇게 잘라 붙이고 그것을 다시 완벽한 크기로 자르고 나면 아무도 눈치채지 못할 것이다.

1. 양쪽 장부 뺨에 얇게 자른 나무 조각을 붙인다.

2. 완벽한 크기로 장부를 다시 잘라낸다. 멋지지 않아도 된다.

3. 접착제를 바르고 장부구멍에 완전히 밀어 넣으면, 장부 결합은 완벽히 안정적이며 아무도 수리한 것을 눈치채지 못할 것이다.

## 라우터 테이블을 사용하는 경우

라우터 테이블은 장부 제작을 위한 또 다른 선택지이다. 비트는 일반적으로 깨끗한 표면을 만들고, 라우터 테이블은 테이블쏘만큼 충분한 조절기능을 가진다.

### 도구

- 라우터 테이블
- 일자 비트(스파이럴 비트 추천)
- 마이터 게이지

1. 부재의 장부 표시선에 살짝 아래로 비트 높이를 맞춘다. 정확히 맞추기 위해선 장부촉을 살짝 크게 잘라야 한다.

2. 부재 절단면을 펜스에 밀착시키고 펜스를 조정해 비트 날이 어깨선에 살짝 닿도록 만든다.

3. 부재의 양면 끝 3~4㎜ 정도만 시험 절단해본다. 이것은 설정을 테스트하는 적절한 방법이다. 장부가 너무 얇더라도 장부의 나머지 부분을 가지고 설정을 조절해 결합도를 완성할 수 있다.

4. 먼저 파놓은 장부구멍에 끼워서 가
   조립해본다. 반드시 구멍보다 커야
   한다.

5. 비트를 약간 올리고 시험 절단해본
   뒤 완벽히 들어맞을 때까지 과정을
   반복한다.

6. 장부 나머지 부분을 어깨까지 마저
   절단한다.

7. 만일 장부 어깨 측면 부분의 크기가 어깨 정면 부분의 크기와 다르다면 이전(123쪽)에 설명한 방법과 동일하게 비트의 높이를 조정하고 장부의 측면부를 잘라낸다.
이것은 같은 크기의 장부를 만들어 줘야 할 모든 부재의 장부 뺨 절단을 완료한 뒤 해야 한다.

8. 가조립한다. 약간의 손힘으로 조립되는 것이 목표다.

심화학습 **짜맞춤 가구 제작자의 비밀 무기 '숄더 플레인'**

전동공구만 사용하는 목수라도 곤경에서 벗어날 수 있는 매우 유용한 수공구가 있다. 장부촉이 약간 빡빡할 때, 숄더 플레인을 몇 번 지나가면 전동공구를 켜는 것보다 더 빠르고 정확하다. 추가 보너스는 너무 많은 나무가 날아갈 위험이 거의 없다는 것이다.

## 도구

- 밴드쏘
- 페더보드
- 클램프
- 끌
- 숄더 플레인 또는 턱대패

장부를 만드는 편리한 도구 중 하나가 밴드쏘이다. 테이블쏘의 강력한 킥백에 두려움을 느껴 멀리하려는 사람들이나, 수공구를 중점적으로 다루는 공방들은 여전히 밴드쏘 작업을 한다. 밴드쏘 세팅만 적절히 되어 있다면 빠르게 장부를 잘라낼 수 있다.

1. 밴드쏘 날이 직선으로 움직이고, 펜스와 정반은 서로 완벽히 직각이며 날과는 평행인지 검사한다.

2. 장비를 설정할 때는 부재와 같은 두께의 자투리 나무를 사용한다. 날이 장부 기준선 바로 바깥쪽에 위치하도록 펜스를 조정한다. 페더보드로 부재를 강하게 펜스 쪽으로 밀착시 준다.

3. 첫 절단으로 한쪽 장부 뺨을 만들어준다.

**팁** 좀 더 자세한 밴드쏘 튜닝 방법을 알고 싶다면 아래 링크를 방문하라. Thewoodwhisperer.com/video/best-way-set-bandsaw

4. 날이 장부 어깨의 칼선에 닿으면 밴드쏘 전원을 끈 뒤, 날이 완전히 멈출 때까지 부재를 단단히 잡고 있는다.

5. 자투리 나무토막을 부재 끝에 맞대 놓고 펜스에 클램프로 고정한다. 추후 절단 시에 멈춤쇠 역할을 할 것이다.

6. 부재를 뒤집어서 반대쪽 두 번째 장부 뺨을 만들어준다.

7. 장부 자체는 자르지 말고 끝부분만 잘라서 장부를 노출시킨다.

8. 미리 파놓은 장부구멍에 끼워보고 펜스 위치를 조정한다. 사진의 장부는 너무 얇다. 이것이 시험용 부재가 있어야 하는 이유이다.

9. 시험용 부재의 반대편에 과정을 반복한다. 또 한 번 설정을 바꿨다면 시험용 부재의 끝부분만 잘라서 다시 끼워본다.

10. 설정을 완료했으면 실제 부품의 장부 뺨을 잘라낸다.

11. 장부를 원하는 폭으로 자르기 위해서는 펜스를 적절한 위치로 조정하고 장부의 양쪽을 잘라낸다. 만일 장부 어깨의 앞과 측면이 같은 크기라면 펜스를 조정할 필요는 없다.

12. 장부 어깨를 자르려면 마이터 게이지를 설치하고 날이 어깨 칼선 바로 안쪽으로 오도록 펜스를 조정한다.

13. 부재의 네 면 모두 어깨를 자른다. 여기서는 복잡하지 않게 멈춤쇠를 설치하지 않음을 명심하라. 잘린 나무토막이 떨어지면 절단이 완료된 것이다.

14. 밴드쏘로 잘려진 장부는 작업대에서 다듬어줄 필요가 있다. 장부 측면 어깨 부분에 튀어나온 부분은 끌로 제거한다.

15. 장부 정면의 긴 어깨 부분은 숄더 플레인으로 직선과 평면으로 다듬는다. 끝부분의 모서리를 살짝 잘라 접어주면 뜯김을 막아준다.

16. 장부가 살짝 빡빡하다면 숄더 플
레인이나 턱대패로 장부 뺨을 살
짝 다듬어준다.

17. 뜯기지 않으려면 항상 모서리를
따줘야 함을 기억하라.

18. 장부구멍에 장부를 끼워보고, 추
가적인 조정을 한다.

## 장부 둥글게 만들기

지금까지 소개한 장부들은 모두 사각이었다. 이전에 라우터로 장부구멍을 파내는 것을 기억할 것이다. 이 경우 라우터 비트의 형태 때문에 장부구멍의 양 끝이 둥글다. 사각의 장부는 둥근 구멍에 들어갈 수 없는데 어떻게 할 것인가? 끌로 장부구멍을 사각으로 정리하기보다, 여기서 소개하는 장부를 둥글게 만드는 방법이 더 재미있다.

### 도구

- 줄  · 끌

1. 작은 줄로 장부구멍의 둥근 형태에 맞춰 장부 모서리를 수작업으로 갈아낸다.

2. 줄은 장부 어깨에 쉽게 상처를 낼 수 있으므로 장부 뿌리 부분의 섬유조직들은 끌로 베어낸다.

3. 장부 뿌리 부분을 끌로 조심스럽게 다듬는다.

4. 가조립해보고 꼼꼼하게 다듬는다. 잘 맞는 장부는 작은 힘으로도 부드럽게 밀려 들어가야 한다.

# 딴혀 장부 결합

## Loose Mortise & Tenon

지금까지 소개한 장부들은 부재에 장부촉이 붙어 있는 일체형이었다. 여기에서의 딴혀 장부 결합은 고전적인 장부결합의 대안이다. 양쪽 부재 모두에 장부구멍을 파고, 하나의 장부촉을 분리해 만든다.

### 에지 가이드를 장착한 라우터로 장부구멍을 파는 경우

**도구**

- 이동식 직각자
- 라우터(플런지 타입 추천)
- 에지 가이드
- 일자 비트(스파이럴 비트 추천)

1. 부재의 절단면에 장부구멍 위치를 표시하고 클램프로 작업대에 수직으로 고정한다.

2. 부재 양면에 수직으로 두 개의 평평하고 곧은 판재(MDF 또는 합판)를 절단면과 같은 높이로 고정해준다. 이 연장된 판재들이 라우터를 안정적으로 받쳐준다.

딴혀 장부 결합을 위한 장부구멍은 앞 장에서 설명한 방식과 동일한 방법으로 가공한다. 유일한 차이점은 장부촉을 만들어줄 부재에 관한 것이다.

**3.** 에지 가이드를 장착하고 비트가 장부구멍을 팔 위치의 중앙에 오도록 조정한다.

**4.** 108쪽의 설명과 같이 연결 부재를 끼울 장부구멍을 파준다.

## 도구

- 자투리 나무
- 패더보드
- 밴드쏘 또는 테이블쏘
- 손대패 또는 자동대패
- 마이터 게이지

딴혀 장부 결합의 최고 장점은 부재의 끝부분에 만들어주는 장부의 크기에 얽매일 필요 없이 장부촉만을 완전히 별도의 단계에서 만든다는 점이다. 사용하는 부재와 같은 수종의 자투리 나무로 딴혀 장부를 만드는 것이 좋다.

1. 딴혀 장부로 만들 막대를 밴드쏘나 테이블쏘로 대강의 두께로 잘라낸다. 이때 막대의 폭은 필요한 크기보다 커야 한다.

2. 손대패는 밴드쏘에 의해 만들어진 표면을 매끄럽게 하는 데 적합하며, 조금씩 깎아내어 손쉽게 완벽한 결합을 만들어낼 수 있다.

3. 장부구멍 중 하나에 끼워보면서 두께를 더 줄여간다.

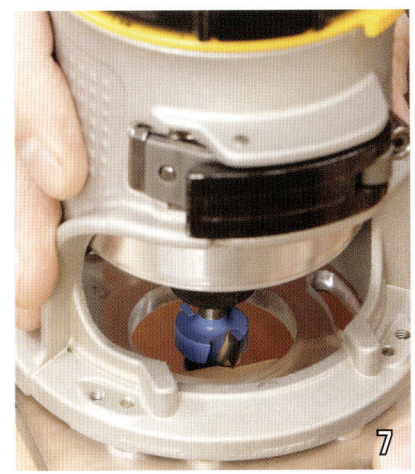

4. 장부구멍에 대고 폭을 표시한다.

5. 표시선을 따라 장부로 만들 막대를 테이블쏘나 밴드쏘로 켠다.

6. 장부 막대의 모서리를 손대패로 둥글게 깎아낸다. 장부구멍의 모양에 완벽히 맞출 필요는 없다.

7. 만일 둥글게 만들 장부 막대의 양이 많다면 라운드 오버 비트를 장착한 라우터를 사용하는 것이 최고다.

8. 장부구멍에 끼워보고 미세하게 장부 형태를 잡아준다.

9. 막대 형태의 장부를 적절한 길이의 개별 따혀 장부로 자른다. 접착제와 공기층을 위해 가공된 장부구멍 깊이보다 1~2mm 작게 자른다.

10. 장부가 빡빡한 경우 다시 빼기가 어려우니, 가조립시 주의한다.

11. 접착제는 양쪽 장부구멍 모두에 고르게 바른다.

12. 따혀 장부에는 접착제를 얇게 펴 발라서 조립시에 접착제가 과도하게 흘러나오지 않게 한다.

13. 모두 결합한다. 가조립 때 문제가 없었다면 접착조립도 문제없을 것이다.

## 페스툴 도미노

2007년 페스툴사는 도미노 조이너라 부르는 새로운 짜맞춤 장비를 선보였다. 이것이 현대 목공세계에 나타난 몇 안 되는 획기적인 장비라는 것은 누구나 동의할 것이다. 이 장비는 회전하며 좌우로 움직이는 커터로, 완벽한 장부구멍을 수 초 안에 만들어낸다. 또한 페스툴사는 도미노 장부핀도 함께 출시했는데, 여러 가지 커터 크기와 깊이에 딱 맞게 미리 제작된 딴혀 장부이다.

도미노는 숙련된 목수에게는 시간을 절약해주는 장비이지만, 초보자들에게는 권하지 않는다. 장부구멍을 파고 장부를 직접 만드는 데 필요한 기술은 공예의 모든 측면에서 목수에게 큰 도움이 된다.

도미노를 너무 일찍 접하게 되면, 귀중한 기술을 배울 기회를 빼앗길 수 있다. 또한 용도에 맞지 않아도, 단지 편리함 때문에 도미노를 선택하는 경우가 종종 있다. 물론 이러한 기술은 다른 수단을 통해서도 배울 수 있다.

### 도구

- 도미노 조이너
- 도미노 장부핀

1. 도미노 조이너는 Domino 500과 Domino XL 두 가지 모델이 출시되어 있다.

2. 비스킷 조이너처럼 표시하고 장비를 켜는 것만으로 장부구멍을 파낸다.

3. 양쪽 부재에 모든 장부구멍을 만든 후, 적절한 크기의 장부핀을 골라 접착제를 바르고 끼운다.

# 딴혀 각도 장부짜임
## Angled Loose Mortise & Tenon

기울어진 장부 결합은 상당한 주의를 필요로 한다. 딴혀 장부로 너무나 쉽게 만들 수 있다는 사실을 알기 전까지 많은 목수들이 피하고 싶은 결합 방법이었다. 각도를 가진 장부 결합은 의자에서 가장 많이 사용되며, 많은 가구에서 찾아볼 수 있다.

## 직각 딴혀 각도 장부짜임

### 도구

- 이동식 직각자
- 테이블쏘
- 마이터 게이지
- 라우터
- 일자 비트(스파이럴 비트 추천)
- 보조용 자투리 나무
- 조임쇠

실제 프로젝트를 진행할 때 각도가 있는 짜임은 참고할 만한 것이 없으면 다소 추상적일 수 있다. 아래 그림은 단순한 벌림 다리 탁자이다. 이 디자인에서는 앞과 뒤의 다리와 가로대 사이의 결합부에 각도 장부짜임이 필요하다. 각도 장부짜임의 작업 순서를 보여주고자 한다.

1. 각도를 줄 부재를 다듬어 준비한 후 테이블쏘에서 마이터 게이지로 원하는 각도로 양 끝을 잘라낸다.

2. 같은 마이터 게이지 각도로 다리의 위아래 끝을 자른다.

3. 다리와 가로대에 장부구멍 위치를
   표시한다.

4. 다리와 가로대의 앞면에 이동식 직
   각자로 구멍 깊이를 표시한다.

5. 라우터가 안정적으로 부재에 올라
   탈 수 있도록 두 개의 직선 판재를
   다리 부재의 앞뒤로 겹쳐놓는다.

6. 에지 가이드를 장착하고 비트가 장
   부구멍의 중앙에 오도록 위치를 조
   정한다. 장부구멍의 처음과 끝을 먼
   저 최대 깊이로 뚫어주고, 그 사이
   부분의 남은 부분을 여러 번에 걸쳐
   나누어 뚫는다.(108~109쪽 참조)

7. 원하는 각도로 자른 가로대 부재를
   작업대의 바이스에 수직으로 고정
   한다.

8. 구멍을 팔 단면과 수평이 되도록
   두 개의 직선 판재를 앞뒤로 겹쳐
   준다. 다른 자투리 나무로 위를 덮
   으며 잡아주면 클램프로 고정할 때
   평면을 유지하는 데 도움이 된다.

9. 에지 가이드를 장착하고 비트가 장부구멍의 중앙에 오도록 조정한다. 장부구멍의 처음과 끝을 먼저 최대 깊이로 뚫어주고, 그 사이의 남은 부분을 여러 번에 나누어 뚫는다.

10. 136~137쪽에서 설명한 것과 같이 딴혀 장부촉을 만든다. 치수대로 제작한 뒤 가조립해본다.

11. 접착할 때는 각도 보조목을 사용하는 것이 좋다. 여기서는 10도로 자른다. 조임쇠에 의한 상처를 막아주고 각도 때문에 밀리는 것을 막아준다.

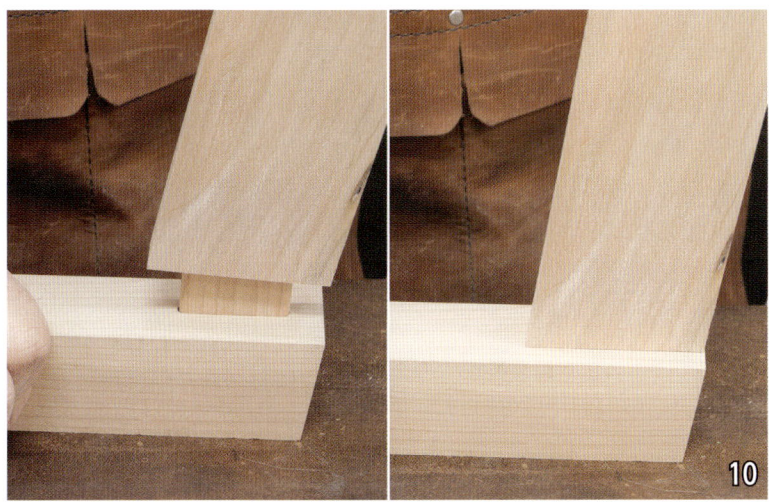

## 도구

- 이동식 직각자
- 페더보드
- 테이블쏘
- 마이터 게이지
- 라우터
- 일자 비트(스파이럴 비트 추천)
- 보조용 자투리 나무
- 조임쇠

빗각의 각도 장부짜임은 의자에서 자주 볼 수 있다. 의자는 종종 다리와 레일이 만나서 사다리꼴을 이룬다. 이때 빗각의 각도 장부짜임으로 결합된다. 다시 말하지만 딴혀 장부짜임을 사용하면 생각보다 훨씬 쉽게 만들 수 있다.

1. 테이블쏘 날을 적절한 각도로 조절하고 마이터 게이지로 원하는 길이로 부재를 자른다.

2. 테이블쏘 날 각도를 위치한 채로 직선의 평평한 자투리 판재 두 개의 한쪽 측면을 켠다.

3. 가로대와 다리에 장부구멍 위치를
표시한다.

4. 가로대 부재를 수직으로 고정하고
미리 잘라놓은 경사진 자투리 판재
두 개를 양쪽으로 겹쳐서 모든 경
사면이 평면이 되도록 클램프로 고
정하면 라우터가 안전하게 절삭할
수 있게 받쳐주는 역할을 한다.

5. 중력을 이용하기 위해 경사면의 위
쪽을 기준으로 에지 가이드를 라우
터에 장착한다. 141쪽에서 설명했
듯이 비트는 기준선에 정렬하고 장
부구멍을 파낸다.

6. 141쪽과 같이 다리 부재에도 장부
   구멍을 판다. 여기서는 다리 부재의
   폭이 충분히 넓기 때문에 라우터를
   지지해주는 추가적인 나무는 필요
   하지 않다.

7. 134~136쪽에서 설명한 것과 같이
   딴혀 장부를 제작한다. 크기대로
   재단하고 가조립해본다.

8. 접착 조립시에 각도 보조목을 이용
   하면 클램프를 안정적으로 조여줄
   수 있고 각도 때문에 밀리는 것을
   막아준다.

# 관통 장부짜임
## Through-mortise & Tenon

대부분의 장부짜임은 조립하고 나면 가려지지만, 관통 장부짜임 경우 장부가 결합되는 부재를 완전히 관통해 반대쪽에서 보인다. 이때는 조금 자랑해도 된다.

### 얇은 부재에 관통되는 장부구멍

만일 관통 장부구멍을 파낼 부재가 얇다면(25mm 이하), 라우터를 사용해 장부구멍 벽을 깨끗하고 일정하게 전체 깊이를 파낸다. 표시선을 따라 에지 가이드를 사용한다.

**도구**

- 직각자
- 라우터
- 일자 비트(스파이럴 비트 추천)
- 에지 가이드
- 보조용 자투리 나무
- 끌

1. 장부구멍 위치를 완벽히 표시한다. 사진에는 부재가 얇은 것과 두꺼운 것이 있지만, 일단 얇은 쪽부터 시작해보자.

2. 작업대 위에 보조목을 아래에 깔고 부재의 바깥 면(조립 후에 튀어나온 장부가 나오는 면)이 아래가 되도록 올린 후 클램프로 고정한다.

3. 에지 가이드로 표시선의 중앙에 비트가 위치하도록 조정하고, 비트가 바닥에 깔아 놓은 보조목에 닿을 때까지 여러 번에 나누어 파낸다.

4. 보조목이 나무 조직을 받쳐줌으로써 터지는 것을 막고, 깔끔한 절단면을 얻을 수 있다.

5. 장부구멍의 양 끝을 조심스럽게 바깥 면에서 안쪽으로 끌질해 사각으로 정리한다. 표시선을 기준으로 직각자로 끌의 방향을 잡고, 끌로 강하게 눌러서 끌 자리를 만든다. 이렇게 만든 끌 자리는 직각자를 치운 뒤에도 끌의 위치를 안내해준다.

6. 끌과 망치로 장부구멍을 사각으로
   다듬는다.

7. 끌을 안쪽으로 살짝 기울여서 장부
   가 들어가는 구멍은 바깥쪽 구멍보
   다 조금 넓게 다듬는다. 추후 장부
   를 끼울 때 조립이 쉬워진다.

8. 넓은 끌로 끌의 뒷면을 장부 벽에
   밀착하고 장부구멍의 끝부분을 마
   무리한다. 팔 힘만으로도 모서리를
   다듬는 데는 충분하다.

## 도구

- 직각자
- 라우터
- 일자 비트(스파이럴 비트 추천)
- 에지 가이드

1. 장부구멍이 제 위치에서 벗어나지 않도록 양면테이프로 보조 펜스를 붙여준다. 보조 펜스는 그냥 직선으로 다듬어진 자투리면 된다.

2. 에지 가이드를 조정해 비트를 장부구멍 위치에 맞추고, 보조 펜스로 사용할 나무를 라우터 바닥에 붙여준다.

3. 양면테이프는 압력에 민감하므로 일단 위치가 정해지면 꽉 눌러준다.

4. 적어도 부재 두께의 절반 이상으로 장부구멍을 파준다.

부재가 25mm보다 두껍다면, 보통 장부구멍은 양쪽에서 파 들어간다. 한쪽에서 가공하기엔 비트 길이가 충분하지 않기 때문이다.

5. 부재를 뒤집어서 반대 면도 장부구멍을 뚫는다. 여기서 가장 중요한 점은 에지 가이드는 이전 절삭 때와 같은 면을 기준으로 작업하는 것이다.

6. 장부구멍 벽은 어떠한 턱도 없이 깨끗하고 일정해야 한다. 넓은 끌로 벽을 정리하는 것이 좋다.

7. 직각자에 끌을 맞추고 장부구멍의 양 끝을 사각으로 정리한다.

8. 장부를 자르는 것은 몇 가지 선택지가 있다. 바깥 면에 딱 맞춘 관통 장부라면 장부 길이를 관통되는 부재의 두께에 정확히 맞추고, 돌출된 관통 장부라면 살짝 길게 자른다. 가조립시 조심스럽게 장부를 구멍에 넣는다. 장부구멍이 돌출되는 바깥면의 상처를 방지하기 위해 가조립의 횟수를 최소화한다.

## 도구

- 접착제용 붓 또는 스프레더

일반 장부 결합에서는 보통 접착제의 사용은 자유롭다. 장부와 장부구멍 모두에 접착제를 바르며, 결합부에 흡수되지 않은 접착제는 삐져나온다. 관통 장부는 표면에 돌출되는 장부의 끝부분을 신중하게 처리해야 한다.

1. 관통 장부에 접착제를 바를 때는 장부 뿌리 부분에 20㎜ 정도 바른다. 장부의 끝부분과 구멍 내부에는 접착제를 바르지 않는다.

2. 다음에 장부를 장부구멍에 조심스럽게 밀어 넣는다. 접착제가 모두 밀려나오는 것처럼 보이나 결합부에는 이 정도면 충분하다.

3. 반대편으로 장부가 돌출되어 나올 때 접착제를 모두 제거해야 한다. 만약 접착제를 너무 바르지 않은 것이 걱정된다면 조립시 장부구멍 안쪽과 장부 전체에 바른다. 그리고 바깥 면에 흡수된 접착제 자국이 남지않게 잘 닦고, 추가적인 사포질 계획을 세워 놔야 한다.

## 형판(템플릿)을 사용한 장부구멍 파기

관통 장부구멍이 라우터 비트 직경보다 넓거나, 장부구멍의 위치가 에지 가이드를 효과적으로 사용할 수 없을 만큼 측면 모서리에서 멀리 떨어져 있다면, 라우터 템플릿과 가이드 부싱을 장착한 라우터를 사용하는 것이 간단하고 반복 작업에 효과적이다. 대부분 라우터 베이스에는 표준 가이드 부싱을 장착할 수 있다. 가이드 부싱의 역할은 템플릿 내에서 라우터 비트의 이동을 제한하는 것이다. 라우터 비트가 템플릿과 직접 접촉하지 않기 때문에 템플릿을 무한정 사용할 수 있다.

### 도구

- 라우터
- 일자 비트 (스파이럴 추천)
- 12㎜ MDF 또는 합판
- 가이드 부싱

1. 12㎜ MDF나 합판으로 템플릿 재료를 준비한다. 12㎜ 정도면 대부분 크기의 가이드 부싱에 충분한 두께이며, 일반적인 라우터 비트로 충분한 장부구멍을 뚫을 수 있는 알맞은 두께이기도 하다.

2. 비트 외경과 가이드 부싱 외경 사이의 거리를 측정해 가이드 부싱의 차이 값을 계산한다. 여기서는 거리가 3㎜로 라우터 템플릿에 뚫린 구멍의 네 면 모두가 원하는 장부구멍 치수에 3㎜를 더한 값이어야 한다는 것을 의미한다. 만일 원하는 장부구멍 크기가 38×38㎜인 경우 템플릿의 구멍은 44×44㎜여야 한다.

**3.** 네 개의 템플릿용 판재들을 접착한
다. 가운데 두 개는 좌우로 벌린 폭
만큼 원하는 구멍을 만들어준다. 벌
린 두 개의 판재는 라우터를 안정
적으로 올리기 위한 공간을 제공할
뿐만 아니라 클램프로 고정할 때도
사용된다.

**4.** 템플릿 위에 라우터를 올려놓으면
라우터 비트는 템플릿을 넘어 부재
에 닿게 된다.

5. 작업할 판재에 템플릿을 클램프로 고정하고 보조 판재 위에 바깥 면이 아래가 되도록 올려놓고 장부구멍을 파낸다.

6. 두세 번에 걸쳐 장부구멍을 가공하며, 바닥 보조 판재에 닿을 때까지 구멍 내부를 따라 시계방향으로 파낸다.

**7.** 라우터 작업이 끝나면 안쪽 면(장 부가 끼워지는 면, 또는 라우터 비 트의 진입 면)에 약간의 거스름을 정리해야 한다. 바깥 면(장부가 돌 출되는 면, 또는 보조판으로 덧댄 면)은 깔끔하고 깨끗해야 한다.

**8.** 큰 끌로 장부구멍의 둥근 모서리를 사각으로 정리한다. 이때 끌은 바 깥 면에서 안으로 진행한다. 이는 조립시에 관통되는 장부에 상처가 생기는 것을 막아준다.

**9.** 관통 장부 부재의 끝과 어깨 부분 을 표시한다.

**10.** 선호하는 방법으로 장부를 잘라 낸다.

**11.** 가조립해본 뒤 접착한다.

어떤 경우에는 장부구멍이 너무나 커서 반씩 나눈 두 개의 부재를 합쳐서 장부구멍을 만드는 멋진 기술이 필요할 때도 있다. 두 부재를 접착제로 붙이면 장부구멍 전체가 보인다. 이 기술은 대형 테이블이나 작업대 등에 사용된다.

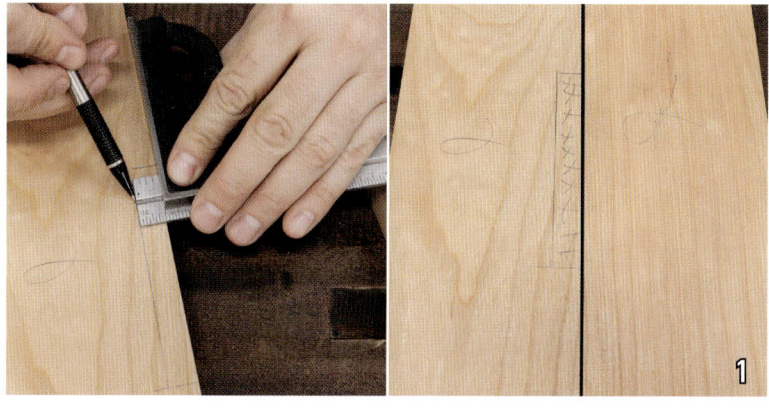

## 도구

- 테이블쏘
- 다도날
- 마이터 게이지

1. 다른 부재에는 추후 가공할 때 방향을 쉽게 잡을 수 있도록 단순히 기준 표시만 그린다.

2. 테이블쏘에 한 번에 많은 양을 절삭하기 위한 다도날을 설치하고 날을 가공물의 표시선 바로 아래에 위치하도록 설정한다.

3. 마이터 게이지를 장착하고 테이블톱 펜스가 한쪽 멈춤쇠 역할을 하고 마이터 게이지의 스토퍼가 다른 멈춤쇠 역할을 하는 이중 멈춤쇠 시스템을 만든다. 부재 표시선을 보고 가공한다.

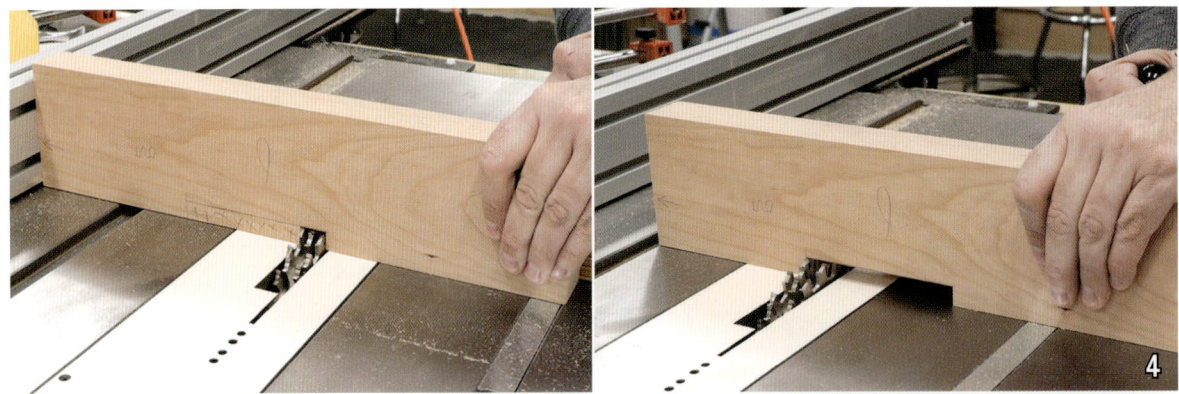

4. 한쪽 멈춤쇠부터 다른 쪽 멈춤쇠까지 여러 번에 나누어 절삭해 장부구멍의 반을 완성한다. 이어지는 반대쪽 부재에도 작업을 반복한다.

5. 구멍 벽이 고르고 깨끗함을 확인한 뒤, 두 반쪽을 하나로 접착한다.

6. 장부촉을 만들 부재에 표시하고 실제 장부구멍과 대조하면서 이중 확인한다.

7. 선호하는 방법으로 장부를 가공한다. 딱 맞게 가공하려면 천천히 조금씩 잘라내야 한다. 얼마나 잘 맞는가는 완성품에서나 볼 수 있을 뿐만 아니라 보통 시선을 끄는 부분이 된다.

팁    적층식 다도날은 장부 표면에 결교차 방향으로 선을 남긴다. 장부를 길게 만들면, 선들이 보일 수 있다. 장부를 약간 크게 만들고 숄더 플레인이나 턱대패로 표시선을 없애면서 장부 뺨을 매끄럽게 다듬어서 장부의 최종 크기로 맞추는 것이 좋다.

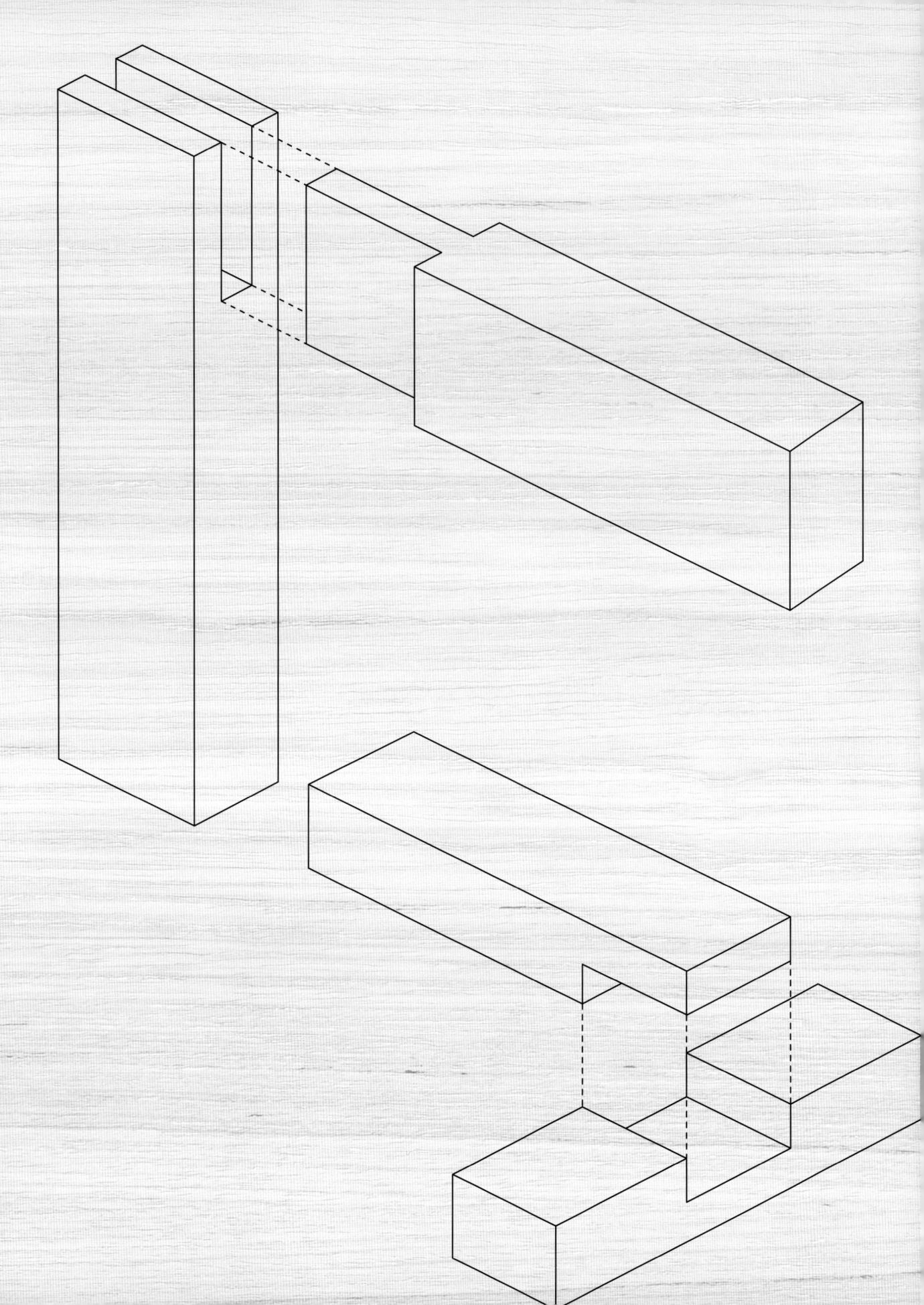

# 4장 | 반턱짜임과 가름장짜임

Half-Laps & Bridles

반턱짜임(Half-lap joints)과 가름장짜임(Bridle joints)은 장부짜임과 매우 비슷하다. 반턱짜임은 근본적으로 각각 한쪽 면만 있는 두 장부로부터 만들어진다. 두 장부를 간단히 겹쳐서 결합이 완성된다. 가름장짜임은 부재와 같은 크기의 폭과 길이를 가진 하나의 장부와 3면이 열려 있는 장부구멍으로 구성된다. 짜임이 결합되면 반턱과 가름장짜임 모두 짜임 부분이 노출되어 당신이 무엇을 만들든 시선을 끌게 된다.

반턱짜임은 전통적인 장부 결합에 비해 튼튼하지는 않지만 수납장의 프레임이나 작은 문에 적용할 만큼 상당히 튼튼하다. 가름장짜임은 모든 종류의 프레임과 문에 사용되며 누구든 어떻게 결합되어 있는지 정확히 알 수 있다. 구조에 상관없이 만일 당신이 장부짜임을 만들 수 있다면, 반턱이나 가름장짜임은 몇 가지만 바꾸면 만들 수 있다.

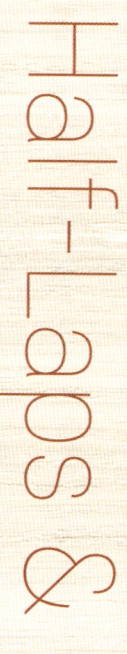

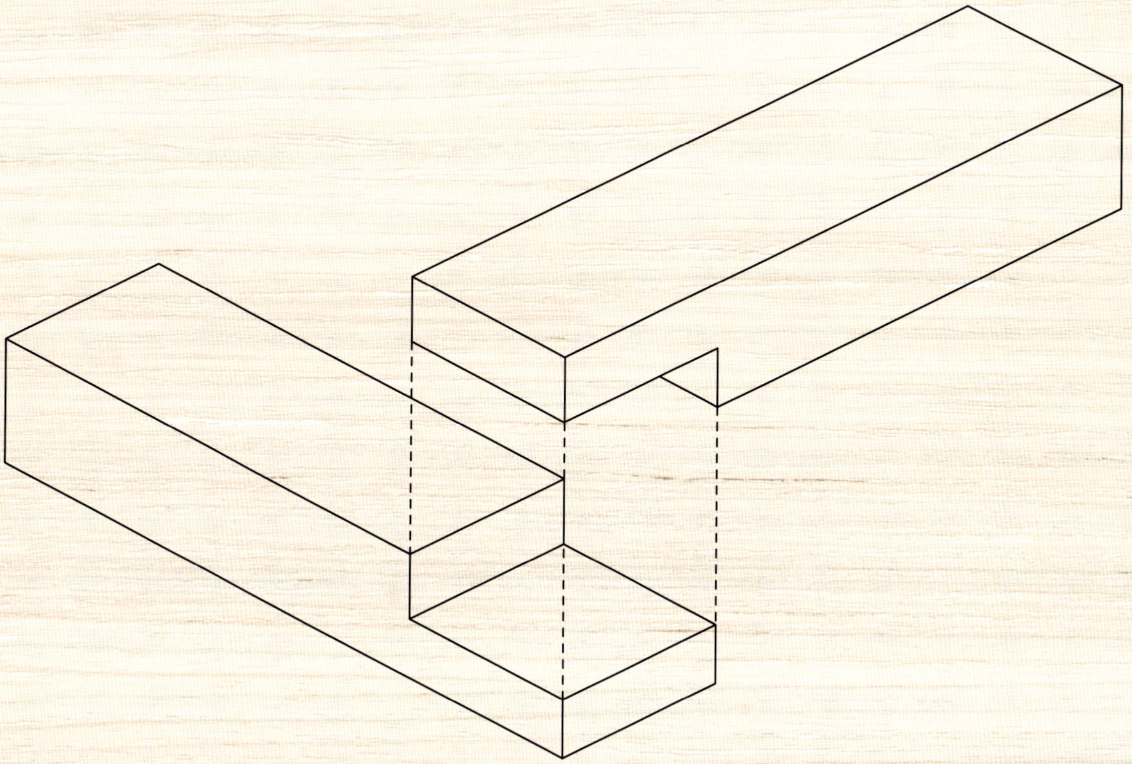

# 모서리 반턱짜임
## Half-Lap Corner Joints

모서리 반턱짜임은 프레임이나 문에 자주 볼 수 있으며, 연귀 짜임이나 전통적인 장부짜임으로 대체되는 경우가 많다.

## 적층식 다도날과 마이터 게이지를 장착한 테이블쏘

### 도구

- 이동식 직각자
- 그므개
- 테이블쏘
- 적층식 다도날
- 마이터 게이지

1. 부재의 폭에 그므개를 맞춘다. 여기서 추가할 트릭은 그므개를 부재 폭보다 아주 살짝 작게 설정(0.5mm)하는 것이다. 이 남긴 부분이 어떤 역할을 할지는 나중에 설명한다.

2. B 부재에 그므개로 어깨선을 긋는다. 만일 폭이 같은 부재를 연결한다면 같은 그므개 설정값으로 A 부재의 어깨를 표시한다. 또 연결하는 부재 폭이 서로 다르다면, 부재 B의 폭에 맞춘 그므개로 A 부재의 어깨선을 긋는다. 각각의 판재 폭을 서로 연결되는 판재에 표시하라.

반턱짜임을 만들 때 내가 선호하는 방식은 테이블쏘와 적층식 다도날 그리고 마이터 게이지를 사용하는 것이다. 이것은 편리하면서도, 빠르고, 정확히 반복할 수 있고 결과물 또한 깨끗하다. 여기서는 같은 폭을 가진 두 개의 부재를 연결하고자 한다.

3. 판재들의 두께의 절반에 연필선을
   긋는다.

4. 테이블쏘에 다도날을 최대 폭으로
   장착하고 날을 연필선 바로 아래까
   지 올린다.

5. 마이터 게이지를 끼우고 다도날의
   왼쪽 톱니가 그므개로 그은 어깨선
   에 살짝 닿도록 펜스를 맞춘다.

6. 연결되는 두 부재 모두 반턱을 잘
   라낸다.

7. 가조립해본다. 만일 의도적으로 부재를 남겨놓았다면 완벽히 맞추기 위해서 조금씩 잘라낸다.

8. 날을 살짝 올려서 다시 잘라내고 가조립한다. 여기서 기억할 것은 양쪽 부재를 잘라내기 때문에 날 높이를 조정하면 결과적으로 두 배로 잘라지게 된다는 점이다. 한군데가 평평하게 맞으면 나머지 부분도 작업한다.

9. 양쪽 반턱의 뺨과 어깨 모두에 접착제를 바르고 조립한다.

10. 결합부를 장부 어깨에 완전히 밀착시키려면 양방향으로 클램핑 압력을 가한다. 이때 접착제가 살짝 밀려 나와야 한다.

11. 결합면도 클램프로 조인다. 작은 나무토막을 덧대주면 클램핑 압력을 분산시킬 수 있다.

12. 첫 번째 단계에서 언급한 0.5㎜ 트릭을 기억하는가? 여기서 답을 공개한다. 결합부에 살짝 튀어나온 부분에 클램프가 닿아서 어깨 쪽으로 좀 더 밀착시켜주는 역할을 한다. 그 남은 부분이 없다면 작업물의 양쪽에서 클램프로 조여줄 때 어깨 쪽으로 밀어줄 보장이 없다.

13. 접착제가 건조되고 0.5㎜ 트릭을 사용했다면, 남은 부분은 결합부의 횡절단부와 평평해지도록 손대패로 깎아낸다.

**모서리 반턱짜임 만들기**

모서리 반턱짜임의 방법은 개인적인 능력과 가진 도구에 따라 너무 다양하다. 여기서는 몇 가지만 소개한다.

### 라우터 테이블에 마이터 게이지를 장착한 경우

라우터 테이블로 반턱짜임을 만드는 것은 개념적으로는 테이블쏘로 작업하는 것과 같지만, 나무를 깎아내는 것이 일자 비트라는 점만 다르다. 어깨선을 그므개로 긋고 보조 펜스를 덧대서 사용하면 장부 뺨도 깨끗하고 어깨 또한 깔끔하다.

두께 절반으로 그려 놓은 표시선에 맞게 날 높이를 조정하고 어깨선에 맞춰 펜스를 조정한다. 그러고 나서 어깨에 닿을 때까지 여러 번에 나누어 깎아 들어간다.

### 밴드쏘를 사용하는 경우

날카로운 날과 적절한 초기 설정이 되어 있다면, 밴드쏘로 만든 반턱짜임도 쓸만하다.

펜스를 조정해 표시선 바로 안쪽으로 날이 위치하도록 하고 어깨 표시선 바로 앞까지 자른다.

조심스럽게 표시선을 따라 어깨를 자른다. 마이터 게이지를 사용하면 큰 도움이 된다.

밴드쏘는 거친 표면을 남기므로 숄더 플레인이나 턱대패(125쪽 참조)로 정리하는 것을 염두에 두어야 한다.

### 한 장의 원형톱날과 테논 지그를 장착한 테이블쏘를 사용하는 경우

마이터 게이지에 멈춤쇠를 설정하고
반턱 장부의 어깨선을 먼저 자른다.
테논 지그에 부재를 수직으로 고정
하고 날을 어깨선 바로 아래까지 올
린다. 테논 지그를 조정해 날이 부재
두께의 절반 위치에 오도록 한 뒤 장
부의 뺨을 잘라낸다.

마이터 게이지로 어깨선을 자른다.

테논 지그로 장부를 잘라낸다.

### 한 장의 원형톱날과 높은 펜스를 장착한 테이블쏘를 사용하는 경우

이 방법은 테논 지그를 사용하는 것
과 매우 유사하며 높은 펜스, 보조판
및 페더보드만 사용해 수직 작업물
을 안정적으로 유지시킨다. 마스킹
테이프를 추가로 사용하면 가공물을
보조판에 좀 더 단단히 고정할 수 있
다. 이것은 실제 가능한 방법이긴 하
나, 원하는 만큼 작업물이 안정적이
지 않기 때문에 결코 내가 선호하는
방법은 아니다.

마이터 게이지로 장부 어깨선을 자른다.

조심스럽게 장부 뺨을 자른다.

### 한 장의 원형톱날만 사용하는 경우

이것은 반턱 장부를 만드는 가장 실속형의 방법이다. 원형
톱날 한 장이 장착된 테이블쏘에서 단순하게 반복적으로
천천히 조금씩 잘라내는 방법이다. 대부분 테이블쏘 톱날
의 톱니가 날어김이 되어 있어 최종 결과물의 표면이 상당
히 거칠기 때문에 작업대에서 다듬는 작업을 필요로 한다.

원형톱날 한 장으로 야금야금 잘라 들어간다.

# T자형 반턱짜임
## T-Shaped Half-lap

T자형 반턱짜임은 프레임 구조에 자주 사용되며 칸막이가 필요한 곳이라면 언제나 등장한다. 모서리 반턱짜임과 같이 접착 면적이 넓어서 튼튼한 결합이다.

## 적층식 다도날과 마이터 게이지를 장착한 테이블쏘

### 도구

- 선긋기 칼
- 클램프
- 테이블쏘
- 적층식 다도날
- 마이터 게이지

1. 160~162쪽에서 설명한 것과 같이 하나의 반턱 장부를 잘라낸 뒤, 이 것을 결합할 판재에 원하는 위치에 직접 올려놓은 뒤 클램프로 고정한 다. 이때 반턱 장부 어깨를 판재에 밀착시켜야 한다.

2. 반턱 장부 판재의 측면을 따라 선 긋기 칼로 결합할 판재 위에 선을 긋는다. 일반적으로 칼선은 연필선 보다 정확한데 이 경우에는 가능한 정확한 선이 필요하다.

두 개의 부재 모두 다도날로 잘라내지만, 특별히 두 번째 부재는 중간 부분을 잘라서 반턱 장부를 만들기 때문에 주의를 기울여야 한다.

3. 이미 첫 번째 반턱 장부가 가공되어 있기 때문에 테이블쏘의 다도날 높이를 적절하게 설정해야 한다.

4. 마이터 게이지를 장착하고 다도날 오른쪽 톱니가 오른쪽 칼선의 바로 안쪽에 위치하도록 스토퍼를 조정한다. 그다음엔 테이블쏘의 펜스를 조정해 다도날의 왼쪽 톱니가 왼쪽 칼선의 바로 안쪽에 위치하도록 설정한다.

5. 여러 번에 나눠 반턱을 가공한다.

6. 먼저 가공해놓은 반턱 장부 윗면이 아래가 되도록 뒤집어서 부재 어깨 사이에 시험적으로 넣어본다.

7. 만일 결합이 너무 빡빡하다면(반드시 그래야 함), 한쪽 스토퍼 또는 다른 쪽 펜스를 조정해 반턱 장부를 넓힌다.

8. 완벽하게 들어맞으면, 장부 뺨과 어깨에 접착제를 바르고, 클램프로 어깨를 밀착하여 결합면이 합쳐지도록 조인다.

---

**이건 어때요?**  **T자형 반턱짜임 만들기**

만일 적층식 다도날이 없거나 테이블쏘를 선호하지 않는 경우, T자형 반턱짜임의 두 번째 판재(중앙 반턱 판재)를 가공하는 두 가지 다른 방법을 소개한다.

### 이중 스토퍼가 달린 마이터 게이지

이중 스토퍼가 달린 마이터 게이지를 사용하면 원형톱날 한 장으로도 반턱짜임을 만들 수 있다. 간단히 한쪽 어깨에서 시작해 다른 어깨까지 조금씩 잘라 나가면 된다. 결과물로 나온 면이 조금 거칠지만 솔더 플레인이나 턱대패를 한두 번 밀어주면 해결된다.

### 마이터 게이지를 장착한 라우터 테이블

날카로운 일자 날에 보조 펜스와 이중 스토퍼를 부착한 마이터 게이지를 장착한 라우터 테이블은 T자형 반턱짜임의 두 번째 판재를 가공하는 데 효과적이다.

# 십자 반턱짜임
## Cross Half-Lap

십자 반턱짜임은 T자형 대신에 십자로 부재가 만나는 경우 사용되며 수납장의 전면 프레임에서 종종 찾아볼 수 있다.

### 적층식 다도날과 마이터 게이지를 장착한 테이블쏘

**도구**

- 직각자
- 선긋기 칼
- 클램프
- 테이블쏘
- 적층식 다도날
- 마이터 게이지
- 자투리 나무

1. 결합할 두 장의 판재를 원하는 위치에 겹쳐놓고 클램프로 고정한 뒤, 선긋기 칼로 교차선을 그어준다. 어깨의 측면 또한 선을 그어준다.

2. 가는 연필로 칼선을 강조해서 기계를 설정하는 동안 잘 보이게 한다.

3. 혼동을 방지하기 위해 잘려나갈 곳을 각 면에 표시한다.

4. 부재와 같은 두께로 가공된 자투리 나무에 두께의 절반으로 선을 긋고 선에 맞춰 다도날 높이를 조정한다.

5. 두 개의 자투리 나무의 끝부분을 시험 절단하면서 날 높이를 확정한다. 결과적으론 모서리 반턱짜임이다.

6. 겹쳐진 자투리 나무 결합이 평면이 되었다면 높이 설정이 올바르게 된 것이다.

7. 펜스로 가공 위치를 잡고 마이터 게이지로 밀어 다도날로 잘라낸다.

8. 여러 번에 나누어 반턱을 가공하며, 원한다면 펜스를 조정하고 직각을 유지를 위해서 마이터 게이지를 사용한다.

마이터 게이지와 펜스를 같이 사용하는 것은 킥백(Kickback)을 발생시키는 원인이 된다. 마이터 게이지에 닿는 길이가 짧고 상대적으로 펜스와 날 사이의 거리가 길면 마이터 게이지를 미는 동안 부재가 펜스에 걸리면서 판재가 회전할 위험한 상황을 만들 수도 있다. 마이터 게이지보다는 썰매를 제작해서 작업하는 것은 추천한다. _옮긴이

9. 연결되는 부재의 길이가 같고 서로 같은 위치에 반턱짜임이 만들어진다면, 현재의 세팅을 그대로 사용할 수 있다. 그리고 서로 다른 경우라면 칼선을 가이드로 스토퍼를 설치하고 절삭을 반복한다.

10. 조립할 때는 접착제를 양쪽 면에 바르고 클램프로 단단히 조인다.

11. 십자 반턱을 결합할 때는 한 개의 클램프만 있으면 된다.

많은 사람들이 완벽한 제작을 추구하지만, 완벽이란 것은 움직이는 목표라는 것을 받아들여야 한다. 글자 그대로 나무는 습도 때문에 끊임없이 변하기 때문이다. 또한 목재는 잘릴 때 내부 응력이 방출되면서 움직이는 경향이 있다. 그 결과 어떤 짜임의 경우 당신이 생각하는 '완벽한' 결합도를 얻기 위해서는 작업대에서 좀 더 많은 주의를 필요로 한다.

반턱이나 일반 장부는 보통 표면에 가공 자국이 남는다. 숄더 플레인이나 턱대패로 표면을 매끄럽게 다듬고 반턱 장부의 두께를 다듬어 결합을 완벽하게 만들어준다.

숄더 플레인으로 십자 반턱과 T자형 반턱을 다듬는다면, 라우터 플레인이 좀 더 나은 선택이 될 수 있다. 라우터 플레인은 가장 큰 장점은 날의 깊이 조정이 고정되어 있다는 점이다. 일단 세팅하고 나면 모든 작업물에 같은 깊이로 사용할 수 있다.

# 모서리 가름장짜임
## Corner Bridle

모서리 가름장짜임은 장부짜임과 매우 비슷하며, 장부구멍의 한쪽 측면이 열려 있다는 점만 다르다. 이 노출된 짜임새는 시각적인 관심을 이끌 뿐만 아니라 잘 만들어진 가구라는 것을 한눈에 알아볼 수 있게 만든다.

## 원형톱날 한 장과 테논 지그를 장착한 테이블쏘

모서리 가름장짜임의 장부구멍을 제작할 때 가장 어려운 점은, 부재를 자르고 나면 다듬기 어렵다는 점이다. 여기서 제시하는 방법은 원형톱날과 테논 지그를 장착한 테이블쏘로 가공하는 것이다. 장부 어깨는 가공 후에 표면이 매끈할 것이다.

### 도구

- 이동식 직각자
- 그므개
- 테이블쏘
- 테논 지그
- 클램프

1. 장부구멍이 될 부재에 기준선을 표시하여 간격을 나누는 것으로 시작한다. 보통 폭을 삼등분한 후 가운데 부분을 잘려질 곳으로 표시한다.

2. 그므개 날을 장부측 부재의 폭에 맞춰 설정한다.

3. 장부구멍 부재에 장부 어깨선을 긋는다. 이때 연필선 사이만 그므개 칼선을 넣는다.

4. 같은 그므개로 장부촉 부재의 어깨선을 긋는다.

5. 장부구멍 부재의 칼선 바로 아래에 맞춰 원형톱날 높이를 조정한다.

6. 테논 지그의 위치를 조정해 톱날이 연필선 바로 안쪽을 자르도록 움직인다.

7. 한쪽을 켜고 부재를 180도 돌려서 반대쪽도 자른다. 테논 지그로 이렇게 가공하면 열린 장부구멍은 완벽히 중앙에 위치한다.

8. 만일 같은 짜임의 여러 부재에 필요하다면 테논 지그 설정값을 움직이기 전에 모두 자른다.

9. 한 장의 원형톱날을 여러 번 지나가면서 만들어낸 어깨선은 약간 다듬어줄 필요가 있을 것이다. 끌로 필요한 만큼 어깨 면을 정리한다. 끌로 양쪽 바깥 측면으로부터 작업해야 양쪽 측면 모두 깨끗한 직각의 어깨면이 완성된다.

10. 짜임의 장부촉은 3장에서 설명한
    장부제작법들 중에 어떤 것으로
    작업해도 좋다. 사진은 시험적으
    로 가공해놓은 장부구멍에 딱 맞
    을 때까지 적층식 다도날과 마이
    터 게이지로 조금씩 잘라 들어간
    것이다.

11. 결합할 때는 딱 맞아야 하지만 망
    치가 필요 없을 정도가 좋다.

12. 모든 면에 접착제를 바르고 먼저 두 방향에서 클램프를 조여서 어깨들을 밀착시킨다. 그리고 결합부를 클램프로 부재가 서로 만나 밀착되도록 조인다.

13. 접착제가 마른 후 면을 깨끗하게 다듬고 완벽하게 평평하도록 만든다.

보유한 장비와 개인적인 선호도에 따라 가름장짜임의 장부구멍을 만드는 방법은 수없이 많다. 여기서 몇 가지를 소개한다.

### 높은 펜스와 받침목을 사용하는 테이블쏘

반턱짜임을 만드는 방법과 같지만 내가 선호하는 방식은 아니며 비상시 채택할 만한 방법이다. 각 면을 펜스에 밀착하고 한 번씩 잘라서 장부구멍 부분을 중앙에 위치하도록 만든다. 그다음 펜스를 이동해 처음 잘라낸 부분 외에 가운데 남은 부분을 제거한다.

### 적층식 다도날과 테논 지그를 사용하는 테이블쏘

위의 내용과 비슷하지만 적층식 다도날을 사용하기 때문에 부재를 한두 번에 제거할 수 있다. 가름 장부의 측면에 따라 다도날이 한 번에 모두 제거해야 하는 경우 날 높이를 올리면서 두세 번에 나누어 자른다.

### 밴드쏘

날카로운 날을 장착된 잘 튜닝된 밴드쏘는 쉽게 장부 뺨을 잘라낼 수 있다. 장부 어깨선을 날이 지나가지 않도록 주의한다.

초기 절단면 사이 부분은 펜스 없이 자유롭게 제거한다.

어깨 면은 작업대 위에서 끌로 정리한다.

공간이 충분하다면 넓은 끌로 장부 뺨을 정리한다.

# T자형 가름장짜임
## T-Shaped Bridle Joint

T자형 가름장짜임은 장부짜임과 매우 비슷하며, 장부구멍 두 측면이 열려 있다는 점만 다르다. 측면에 아름다운 노출 짜임을 만들어주며 모든 종류의 문이나 프레임에 적용할 수 있다.

---

### 원형톱날 한 장과 테논 지그를 장착한 테이블쏘

**도구**

- 이동식 직각자
- 선긋기 칼
- 다도날이 장착된 테이블쏘
- 보조펜스
- 클램프

1. 교차할 지점에 직각을 확인하면서 부재들을 올려놓고 클램프로 고정한 뒤 장부 위치를 표시한다. 선긋기 칼로 장부구멍 부재의 측면에 의지해서 칼선을 긋는다.

> **팁** | 모든 칼선이 똑같지 않다. 짜임에 사용하는 선긋기 칼은 한쪽은 평면이고, 다른 한쪽은 경사져 있는 것을 선호한다. 가능한 가장 정확히 선을 긋기 위해 평평한 쪽을 기준면에 대고 선을 긋는다.

2. 178~179쪽에서 설명한 것 중에 선호하는 방식으로 장부구멍 부분을 잘라낸다.

3. 마이터 게이지를 장착하고 펜스와 스토퍼를 조정해 날이 두 기준선 안쪽에 오도록 설정한다.

4. 다도날을 장착하고 날 높이를 올려서 장부촉 부재의 표시선 아래에 맞춘다.

5. 한쪽 스토퍼에서 시작해 펜스까지 진행하면서 한쪽 면을 먼저 자른다.

6. 장부구멍에 테스트로 끼워본다. 장부측 부재 어깨 사이의 장부구멍에 끼워질 때까지 스토퍼를 조정하면서 잘라낸다.

7. 어깨 사이의 위치가 확정되었다면 반대쪽 면도 자른다.

8. 결합되는 면에 접착제를 바르고 조립한다.

9. 짜임부를 가로질러서 클램프로 조이고 짜임면도 한 번에 조인다.

10. 접착제가 마르면 면을 매끄럽게 평면으로 다듬는다.

---

이건 어때요?   **결합의 장부 만들기**

**한 장의 원형톱날과 마이터 게이지를 장착한 테이블쏘**

다도날이 없어도 한 장의 원형톱날 만으로도 T자형 가름장짜임의 장부 부분을 만들 수 있다. 한 번에 톱날 두께만큼 조금씩 깎아 들어간다. 면의 톱날 자국은 작은 대패로 깔끔하게 다듬는다.

**마이터 게이지와 일자 비트를 장착한 라우터 테이블**

T자형 가름장짜임의 장부 부분을 제작할 때 라우터 테이블은 테이블쏘의 좋은 대체 장비이다. 마이터 게이지에 보조 펜스로 사용할 판재를 덧대주면, 잘려질 때 면이 깨끗하고 결이 뜯어지지 않는다.

# 5장 | 주먹장짜임

주먹장짜임은 그 튼튼함과 분명한 아름다움으로 인해 목공의 꽃으로 여겨진다. 또한 초심자에게는 다소 복잡하게 보이지만. 주먹장을 성공적으로 만드는 것은 통과의례 같은 것이다. 주먹장을 만들 수 있다면, 아마도 당신은 목공에 있어서는 단순한 관심 이상을 가지고 있을 것이다.

우리는 주먹장을 완성했다는 기쁨에 자랑하기 위해 보여주고 싶어 하지만, 아이러니 하게도 주먹장은 원래 숨겨진 짜임이었다. 주먹장짜임의 진정한 가치는 기계적 강도 에 있기 때문이다. 주먹장은 가서랍판 뒤에 숨어있던 서랍이나 몰딩 또는 상판에 의해 가려진 상자 구조에서 발견할 수도 있다. 대부분의 경우, 주먹장은 유튜브의 화면상으 로 봐도 놀랍게도 큰 틈이 벌어져 있다. 숨겨지고, 틈이 있거나 호랑이처럼 튼튼해 보 이건 간에, 주먹장짜임은 서랍과 상자, 책장형 구조에 있어 훌륭한 결합 방법의 하나로 남아있다.

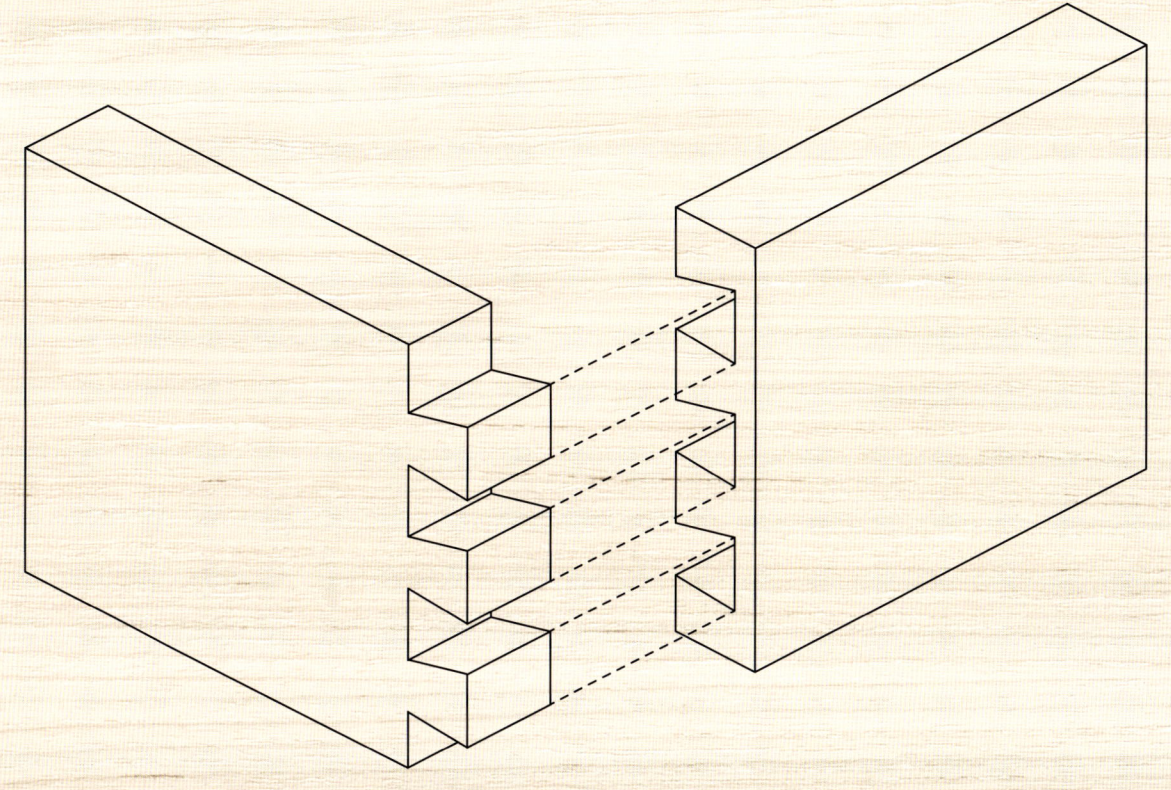

# 관통 주먹장짜임
## Through Dovetails

관통 주먹장짜임은 서랍과 상자형 짜임에 자주 사용된다. 최종적으로 조립된 짜임에는 두 판재의 절단면이 핀(pin, 암컷)과 테일(Tail, 수컷)로 얽히게 된다. 나는 보통 테일을 먼저 자르고 나서 핀을 가공한다. 밴드쏘와 몇 가지 영리한 팁들과 트릭으로 수작업 느낌의 결과물을 얻을 수 있다.

### 도구

- 그므개
- 이동식 직각자
- 자유각도자
- 주먹장 톱 또는 등대기톱
- 실톱 또는 스카시톱
- 끌

1. 부품들에는 가능한 한 쉬운 용어 (앞판, 뒤판, 측판, 내부, 외부 등)를 붙여준다. 서랍의 경우 옆판은 테일판이고 앞면과 뒷면은 핀판이다.

2. 연결할 판재 두께에 맞춰 그므개를 세팅한다.

3. 각 판재의 네 면 모두에 어깨선을 긋는다. 세팅한 그므개는 추후 작업을 위해 보관해둔다.

필요하지 않은 칼선이 그어질 수 있으니, 판재의 바깥쪽은 연필선으로 먼저 긋고 추후 직각자와 선긋기 칼로 필요한 부분만 선을 긋는다. _옮긴이

4. 시각적으로 보기 좋게 테일을 배치한다. 이 부분에서는 서랍, 상자, 서랍장 혹은 당신이 만드는 모든 것에 반복적으로 사용할 수 있다는 것을 명심해야 한다. 여기서는 이동식 직각자로 단순하면서 대칭적인 배치를 만든다. 중간에 작은 핀이 들어가는 소켓이 하나 있고 양끝쪽에 절반 크기의 핀이 들어가는 소켓이 있어 결과적으로 두 개의 큰 테일이 만들어진다.

5. 원하는 각도로 자유각도자를 설정하고, 판재 앞면에 연필선을 연장해 그린다. 각도는 6도에서 12도 사이면 된다. 사용하는 재료와 가공방법을 고려해 가장 보기 좋은 각도를 선택한다.

동서양 공통적으로 즐겨 사용하는 각도가 있다. 단단한 나무에는 1 : 8, 무른 나무에는 1 : 6의 각도를 선호한다. 높이가 1, 아랫변이 8인 직각 삼각형에서 빗변과 아랫변이 이루는 각이 1 : 8 각도이다. _옮긴이

6. 잘려나갈 부분인 두 테일 사이, 즉 핀이 들어갈 소켓을 잘 보이도록 표시한다.

7. 잘려질 부분으로 표시된 연필선 바로 옆에 등대기톱으로 적절한 각도로 자르기 시작해 어깨 칼선에 닿으면 멈춘다.

8. 같은 방식으로 남은 부분을 자른다. 엄지손가락을 톱날 받침으로 사용하고 톱질을 시작한다.

9. 혹시 선을 지키지 못했다고 해서 걱정하지 말라. 아무도 테일의 각도가 완벽히 일정하지 않은 것을 알아차리지 못할 것이다. 하지만 톱질만큼은 판재 앞면에 항상 수직으로 해야 한다.

10. 세공용 실톱 또는 스카시톱으로 테일 사이의 불필요한 부분을 제거한다. 어깨 칼선 바로 위로 지나야 한다.

11. 판재를 측면으로 고정하고 바깥쪽 절반 핀이 꼽힐 소켓 부분을 제거한다.

12. 어깨 칼선 위에 끌을 수직으로 올려놓고 테일의 뿌리 부분까지 잘라 최종 어깨 면을 만든다. 측면 네 면을 따라 수평으로 모서리를 정리하면서 어깨를 마무리한다. 이 과정을 반대쪽 반 핀 소켓에서 반복한다.

**13.** 테일 측면이 직각임을 확인한다. 만일 직각이 아니라면 끌로 살짝 수정한다.

**14.** 테일 판재 아래에 자투리 판재를 깔고 작업대에 고정한 후 작은 끌로 어깨를 정리한다. 끌을 칼선 위에 놓고 판의 두께를 절반 정도까지 자른다. 칼선을 넘어서 자를 수도 있기 때문에 한 번에 끝까지 자르지 말라.

**15.** 끌이 모두 같은 것은 아니다. 주먹장 전용 끌(아래 왼쪽, 오른쪽은 일반 끌)은 좁은 핀 소켓에 사용하기 좋은데, 끌의 측면이 예각으로 만들어져 있어 테일의 측면을 건드리지 않는다.

**16.** 모든 어깨의 직각을 계속 확인하면서 조절한다.

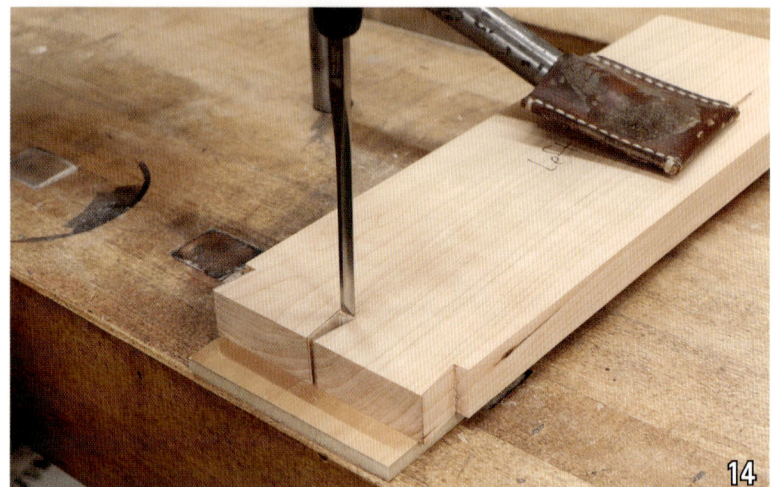

17. 핀을 만들 판재를 준비하고 절단
면에 한 겹의 마스킹 테이프를 붙
이고 남는 부분은 잘라낸다.
마스킹 테이프 사용 방법은 글랜
휴이Glen Huey와 마이크 페코비치
Mike Pekovich의 시범을 통해 처음
접했다.

18. 테일 판재 안쪽 면에 어깨 칼선을
살짝 덮으면서 두 겹의 테이프를
바른다. 그므개로 테이프 위를 자
른다. 이제 두 겹의 테이프가 주먹
장의 어깨와 완벽히 일치하는 펜
스 역할을 해줄 것이다.

19. 작업대 위로 살짝 올라오도록 핀
    판재를 수직으로(바깥 면이 앞쪽
    으로) 바이스에 고정한다.

20. 테일 판재를 바깥 면이 위로 향하
    게 자투리 판재에 올려놓고 테이
    프를 붙인 면을 테일 부분이 덮도
    록 앞으로 밀어준다. 직선자나 평
    평한 나무토막으로 판재를 정렬
    한다.

21. 테일 판재를 아래로 잘 누른 뒤 날
    카롭고 얇은 선긋기 칼로 테일 벽
    을 따라 선을 긋는다. 가볍게 여러
    번 그어주면 테이프를 완전히 절
    단할 수 있다.

22. 핀 사이의 테이프를 제거한다. 남은 테이프 부분이 핀을 잘라낼 때 가이드 역할을 한다.

23. 샤프로 가이드선을 연장해 어깨선까지 연필선을 긋는다. 이것은 직선으로 톱질을 할 때 시각적인 도움을 주고, 적어도 내가 비뚤어지고 있는지는 알 수 있다.

24. 톱을 제거할 테이프 옆에 바짝 붙인다. 테이프는 시각적인 표시 역할뿐만 아니라 톱질을 완벽히 선에 맞춰 시작할 때 실질적인 도움을 준다.

25. 실톱 또는 스카시톱으로 핀 사이 부분을 제거한다.

26. 작업대 위에 자투리 판재를 바닥에 깔고 핀 판재를 올려놓은 뒤 클램프로 고정하고 끌로 어깨 면을 정리한다. 칼선에 끌을 올려놓고 판재 두께의 절반 정도까지 잘라 낸다.

27. 판재를 뒤집고 정리 과정을 반대쪽에도 반복한다.

28. 직각자로 어깨 면이 직선 또는 약간 오목하게 정리되었는지 확인한다. 만일 어깨 면이 볼록하거나 솟아 있다면, 조립할 때 밀착을 방해되니 끌로 깨끗이 정리한다.

29. 핀 벽을 검사해서 테이프보다 튀어나와 있다면 끌로 잘라낸다.

30. 가조립해본다. 마스킹 테이프를 사용하는 기법의 즐거움은 주먹장이 종종 한 번에 완벽히 들어맞는 것이다. 만일 너무 빡빡하다면 방해하는 곳을 찾아 잘라낸다.

31. 종이테이프를 제거하고 접착제를 발라 조립하고, 접착제가 마르면 사포질로 정리한다.

32. 내가 만든 주먹장의 핀 끝 하나가 깨져서 날아가 버린 것 같다. 이를 수정하려면 끌로 자투리 나무 조각을 없어진 형태와 비슷하게 깎아서 접착제를 바른 후 망치로 두들겨 넣는다.

**팁** | 사진과 같이 작은 핀은 아름다우면서도 수작업 세계의 진면목을 보여준다. 하지만 힘을 많이 받아야 하는 구조에서는 작은 핀이 약점이 될 수 있다. 장식적인 상자나 서랍에서는 작은 핀은 유용하게 쓰인다.

33. 접착제가 마르면 덧대서 튀어나온 곳을 잘라내고 사포질을 한다. 메운 부분을 거의 찾기 어려울 것이다.

34. 칠을 더하면 짜임은 생명을 얻게 된다.

---

**심화학습** 　**수작업과 기계작업**

주먹장이 대중화되면서 시중에는 완벽한 주먹장을 만들 수 있는 각종 전용 지그와 장치들이 출시되어 있다. 나는 리Leigh사의 D4R을 소유하고 있으며, 이것은 시중에서 판매하는 최고의 지그 중 하나이다. 이러한 지그들로 작업해보니, 가공해야 할 주먹장이 많거나, 또는 순전히 구조적인 완결성이 필요할 때 도움이 된다는 것을 알게 되었다. 그런데 기계로 작업된 주먹장은 한 가지 큰 단점을 가지고 있다. 바로 라우터 비트의 크기에 의해 제한된다는 점이다. 그래서 더 작고 세련된 핀(수작업 주먹장의 특징)을 만들고자 한다면 라우터로는 불가능할 것이다. 작은 핀을 만드는 유일한 방법은 손으로 만들거나 여기서 보여준 것과 같이 몇 가지 수작업 방법을 함께 사용하는 것이다.

여기서 이러한 질문을 던질 수 있다. "왜 작은 핀을 원하는 거지?" 그 대답은 간단하다. 멋지기 때문이다! 내가 수작업으로 주먹장을 숙달하는 데 시간을 투자할 가치가 있다고 느끼는 또 다른 이유는 당신이 습득한 기술을 다른 목공 분야에 적용될 수 있기 때문이다. 선을 표시하고, 자르고, 끌로 미세하게 다듬는 방법을 아는 것은 모두 목공에 도움이 되는 기술들이다. 따라서 연습을 목공 경력에 투자한다고 생각해보자.

# 밴드쏘로 만든 주먹장
## Bandsaw Alternative

밴드쏘는 테일을 자르기 좋다. 날카로우면서 톱니 수가 많은 날과 간단한 각도 지그를 장착한 밴드쏘는 작업 시간을 줄이고 매우 일정한 결과물을 얻을 수 있다. 또한 밴드쏘 날이 얇기 때문에 작은 핀을 만들 수 있어 수작업의 느낌을 낼 수 있다.

### 도구

- 자투리 합판
- 자유각도자
- 밴드쏘

1. 주위에 있는 상태 좋은 부재(MDF 또는 합판)로 간단한 각도 보조판을 만든다. 한쪽 면은 직각이어야 하며, 다른 쪽은 원하는 주먹장 각도로 잘라낸다. 여기서는 7도로 제작했다. 스토퍼로 사용할 목심을 끼울 구멍 몇 개를 뚫는다.

2. 밴드쏘는 펜스를 조정해 날이 테일 연필선 바로 안에 위치하도록 한다. 이렇게 하면 날이 온전히 제거할 곳에 들어간다.

3. 보조판의 목심 스토퍼에 작업물을 걸치고 조심히 자르기 시작한다. 작업물과 보조판은 손으로 단단히 잡아서 함께 움직여 줘야 한다.

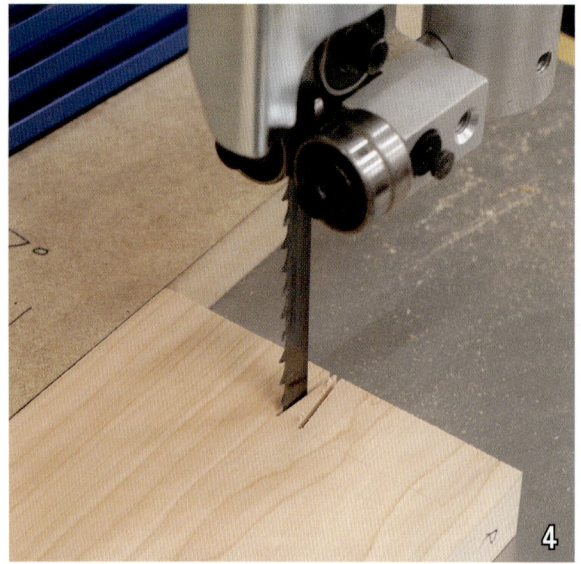 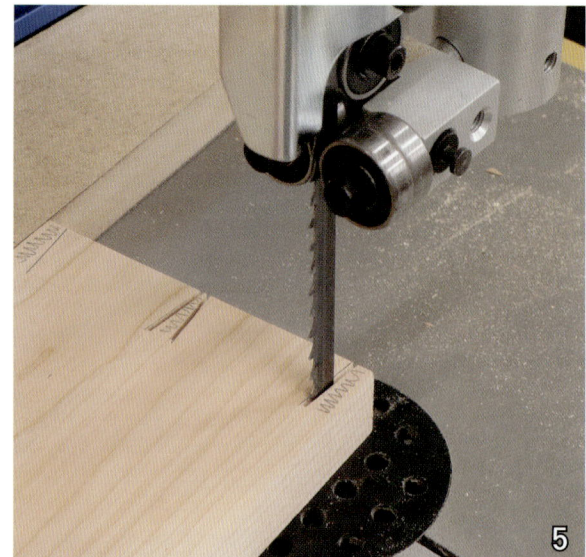

4. 부재를 뒤집어서 두 번째 절단을 시작한다. 이렇게 하면 완벽히 중앙에 핀 소켓이 만들어진다.

5. 다음 절단을 위해 펜스를 움직인다. 다시 한번 날을 테일 옆 제거할 곳에 위치시킨다.

6. 부재를 뒤집고 다시 자르면 두 개의 대칭되는 반 크기의 핀이 끼워질 소켓이 만들어진다.

7. 밴드쏘에서 여러 번에 나눠 조금씩 남은 부분을 조심스럽게 제거한다.

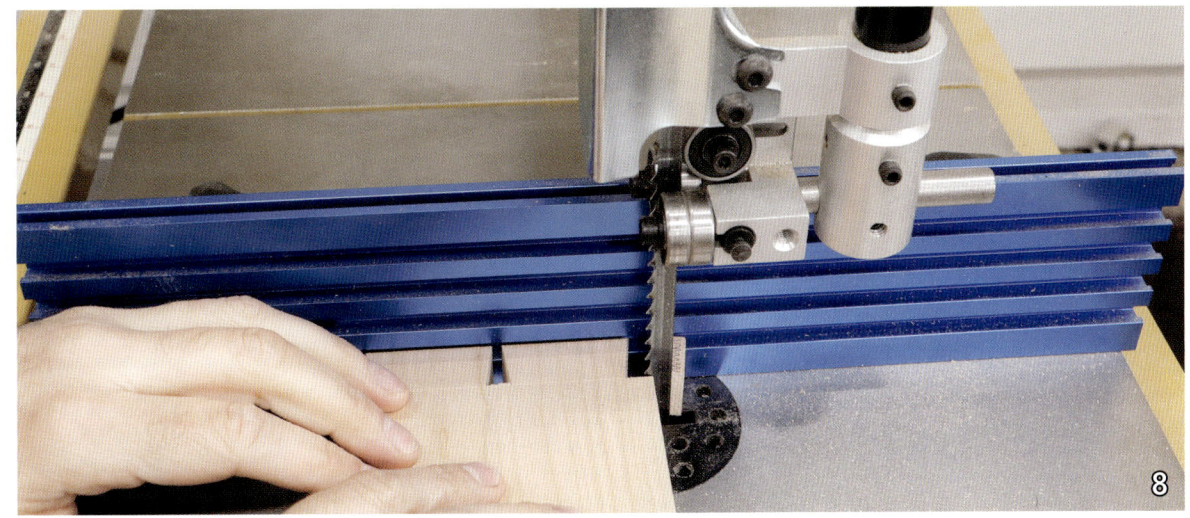

8. 펜스를 스토퍼 삼아서 반 핀용 소
켓을 잘라낸다. 날을 칼선에 정확히
맞춰도 되지만 보통 안전하게 조금
남기고 자른다. 작업대에서 남은 부
분을 끌로 정리한다.

9. 핀 사이의 테일이 끼워질 테일 소켓
은 실톱이나 스카시톱 대신에 밴드
쏘에서 잘라낸다. 핀이 잘리지 않도
록 주의한다.

---

**심화학습**    한계를 알자

밴드쏘로 핀을 가공할 수 있는지 궁금할 것이다. 물론 할 수 있다. 하지만 테일을 만드는 것만큼 간단하고 빠
르지는 않다. 핀을 자르기 위해서는 밴드쏘 정반을 좌우 원하는 각도로 기울일 수 있어야 한다. 대부분의 밴
드쏘 정반은 한쪽으로만 기울일 수 있다. 이것을 극복하기 위해서는 적절한 각도 별로 작업물을 절단할 수
있는 썰매를 제작할 필요가 있다.

틈은 항상 만들어진다. 숙련도와 관계없이 실수로 핀이나 테일이 너무 작게 잘리거나 딱 맞추려고 욕심내다 너무 많이 날아가버릴 수도 있다. 불행하게도 완벽주의자에게는 아무리 작은 틈이라도 눈에 띄게 마련이다. 우드 필러나 톱밥과 접착제로 메우고 싶은 충동은 억누르자. 두 가지 방법 모두 틈을 메울 수는 있지만 칠하고 나면 항상 눈에 띄고 도드라져 보일 것이다. 접착제는 칠의 흡수를 막아버리고, 필러는 나무와 너무 이질적으로 보인다. 여기서는 주먹장의 틈을 메우는 방법을 소개한다.

1. 틈을 확인하고 비슷한 색과 결의 자투리 나무를 찾는다.
   자르고 남은 부재를 찾아라._옮긴이

2. 자투리 나무에 자로 각도를 표시한다.

3. 표시한 각도를 따라 조심스럽게 자투리 나무를 자른다. 손가락을 조심하자.

4. 또 다른 방법으로는 나뭇결이 상관없다면 간단히 테이블쏘에서 재료를 켜서 만든다.

5. 잘라낸 나무토막을 사포에 올려놓고 면을 매끄러운 평면으로 다듬는다.

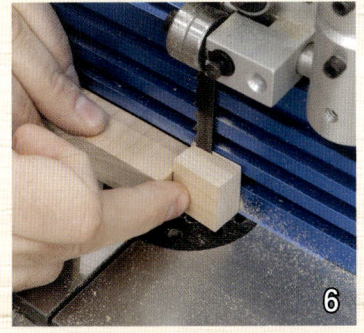

6. 밴드쏘의 펜스로 주먹장의 틈보다는 약간 두껍게 나무토막을 잘라낸다.

그냥 등대기톱으로 쐐기 모양으로 자르는 것이 안전하고 정확하다. _옮긴이

7. 사포 위에 잘라낸 나무 조각을 올려놓고 앞뒤로 움직이면서 면을 쐐기 모양으로 다듬는다.

8. 쐐기의 모서리를 끌로 잘라내 틈에 들어갈 때 내부에서 간섭이 일어나는 것을 막아준다.

9. 쐐기에 접착제를 바르고 틈에 조심스럽게 밀어 넣는다.

10. 망치로 가볍게 두들겨 쐐기를 완전히 박는다.

11. 날카로운 칼로 돌출된 부분을 잘라내고, 접착제가 마르기를 기다린다.

12. 수리된 부분을 사포질하고 결과물을 확인한다.

# 반포형 주먹장짜임
## Half-Blind Dovetails

주먹장짜임의 흔한 변형이 반포형 주먹장짜임이다. 가장 일반적인 용도는 서랍에서 발견할 수 있는데, 가구 제작자가 앞쪽에서 주먹장이 보이는 것을 원하지 않는 경우에 자주 사용한다. 테일 판재를 가공하는 방법은 관통형 주먹장과 동일하지만 핀 판재에 몇 가지 중대한 차이가 있다.

## 도구

- 그므개
- 도브 테일쏘 또는 등대기톱
- 끌

1. 테일 부재(서랍 측판)의 두께에 맞게 그므개를 설정한다.

2. 핀 부재(서랍 앞판)의 내부 면에 그므개로 어깨선을 긋는다.

3. 테일 앞에 얼마큼의 살을 남길지 (테일을 얼마큼 뒤로 움직일지)를 결정하고, 그므개로 핀 부재(서랍 앞판) 안쪽을 기준으로 양 끝 절단 면에 선을 긋는다. 최소 6mm 이상은 남겨야 하며 부재 크기에 따라 결정하므로 좀 더 키운다.

4. 같은 그므개로 테일 부재(서랍 측판) 끝의 네 면 모두에 선을 긋는다.

5. 시각적으로 보기 좋게 테일을 배치한다. 테일을 대칭으로 만들려면 이동식 직각자로 양 모서리를 기준으로 표시한다. 여기서는 두 개의 큰 테일이 있기 때문에 중앙에 작은 핀 소켓과 양 끝에 반 핀 소켓이 배치된다. 만일 초보자라면 핀 소켓이 부서지지 않도록 더 크게 만든다.

6. 자유각도자를 원하는 각도로 설정하고 판재 앞면 쪽으로 연필선을 연장한다. 각도는 6도에서 12도 사이면 된다. 재료와 용도에 맞춰 보기 좋은 각도를 정한다.

7. 선의 잘못된 쪽을 자르지 않도록 테일 사이(핀 소켓)의 제거할 부분에 잘 보이도록 표시한다.

8. 제거할 부분의 연필선 바로 옆에 톱 날을 대고 적절한 각도를 준 상태로 어깨 칼선까지 잘라 내려간다.

9. 실톱 또는 스카시톱으로 테일 사이 의 제거할 부분을 조심히 잘라낸다. 이때 어깨선 바로 위를 자른다.

10. 부재를 측면으로 고정하고 반 핀 소켓의 바깥 부분을 잘라낸다.

11. 끌을 어깨 칼선 위에 올리고 최종 어깨 면을 만들기 위해 끌로 다듬 는다.

12. 테일의 측면과 앞면이 직각인지 확인한다. 만일 직각이 아니라면 끌로 살짝 교정한다.

13. 작업대 위에 자투리 판재를 깔고 그 위에 테일 판재를 올려놓은 뒤, 작은 끌로 중앙 소켓의 어깨선을 정리한다. 칼선 위에 끌을 올리고 판재 두께의 절반까지 잘라낸다. 한 번에 끝까지 끌을 치면 선을 넘어갈 수 있으니 조심한다.

14. 테일 판재 안쪽에 어깨 칼선을 덮으면서 두 겹의 마스킹 테이프를 바른 후, 테이프 위에 그므개로 선을 긋는다. 테이프가 이제 펜스 역할을 한다. 핀 부재의 단면에도 테이프를 바르고 튀어나온 부분을 잘라준다.

15. 핀 부재(앞판)를 바깥이 앞으로 오게 수직으로 고정한다. 이때 작업대에 올려놓을 자투리 부재와 같은 높이로 고정한다. 자투리 부재가 작업물을 살짝 띄우게 되고 테일을 옮겨 그리기 쉽게 만든다.

16. 테일 부재를 (바깥 면이 위가 되도록) 자투리 부재에 올려놓고 테이프 펜스가 닿을 때까지 앞으로 밀어준다. 직선 자나 평평한 나무토막으로 판재를 정렬한다.

17. 테일 부재를 아래로 잘 누른 뒤 날카롭고 얇은 선긋기 칼로 테일 벽을 따라 선을 긋는다. 테일 절단면 쪽도 선을 긋는다. 가볍게 여러 번 그어주면 테이프를 완전히 절단할 수 있다.

18. 핀 사이의 테이프를 떼어내고 남은 부분은 핀을 잘라낼 때 가이드 역할을 한다.

19

20

21

19. 잘려질 부분의 테이프 옆에 톱을 살짝 아래로 기울여 바짝 붙인다. 45도 각도로 톱질해 핀의 벽과 어깨가 다치지 않도록 한다.

20. 원한다면 불필요한 곳을 끌로 제거할 수도 있지만, 일자 비트를 장착한 라우터로 하는 것이 훨씬 쉽고 빠르다. 비트의 깊이를 칼금에 맞추고 톱질 해놓은 선들과 거리를 유지한 채로 핀 사이 부분을 조심히 갉아 들어간다. 다른 부재들로 라우터의 균형을 잡아준다.

21. 어깨 그므개 칼선 위를 끌로 잘라내서 어깨 면을 만들어준다.

22. 핀 벽 앞에 남아있는 부분을 제거
하고 테이프 선에 맞춰 정리한다.

경사진 핀 벽의 뿌리 쪽은 일반 끌로는 다
듬기 어렵다. 끌의 직각 측벽이 경사진 핀
에 상처를 내기 때문이다. 끌의 측면이 경
사진 주먹장 전용 끌과 물고기 꼬리 모양
을 닮은 피시테일 끌이면 좀 더 수월하게
모서리를 다듬을 수 있다. _옮긴이

23. 가조립하면서 핀 벽을 다듬는다.

24. 접착제를 발라 조립한 후 테이프
를 제거한다.

25. 칠을 올리고 짜임을 감상한다.

# 사선형 슬라이딩 주먹장짜임(띠열장 짜임)
## Tapered Sliding Dovetails

기술적으로는 주먹장으로 분류되지만, 슬라이딩 주먹장(띠열장) 짜임은 실제 전통적인 주먹장보다 다도 짜임과 더 많은 공통점을 가진다. 수성 접착제에 노출되면 나무가 빠르게 부풀어 오르기 때문에, 대부분의 슬라이딩 주먹장은 사선 가공하는 것이 좋다. 사선형 슬라이딩 주먹장을 가공할 수 있다면, 사선처리 되지 않은 일반 슬라이딩 주먹장은 너무나 쉽기 때문에 여기서는 사선형에만 초점을 맞출 것이다.

### 도구

- 이동식 직각자
- 주먹장 비트가 장착된 라우터 테이블
- 라우터 테이블 펜스

1. 연결할 판재를 배치하고 잘 보이게 이름을 써 놓는다.

2. 판재 측면에 주먹장 홈의 위치를 표시한다. 홈의 각도는 사용하는 비트에 의해 결정되기 때문에 각도까지 표시할 필요는 없다.

3. 라우터 테이블에 주먹장 비트를 장착한다. 여기서는 14도로 12㎜ 직경의 비트를 사용했다. 비트가 홈 표시선 안에 들어오도록 펜스와 비트 높이를 조정한다.

4. 일자형 주먹장 홈을 가공한다.

5. 가공하는 동안 부재가 펜스와 정반에 밀착되어야 주먹장 홈이 직선이면서 수직으로 만들어 조립이 부드럽게 된다.

6. 부재의 뒤쪽 끝에 두께 1㎜ 정도의 얇은 나무 조각을 테이프로 붙여서 홈을 경사지게 만든다.

7. 부재를 살짝 비스듬히 돌려서 주먹장을 다시 가공하면 주먹장 앞쪽은 동일하고, 뒤로 갈수록 점차 넓어지는 사선형이 되어 판재는 뒤쪽에서 끼운다.

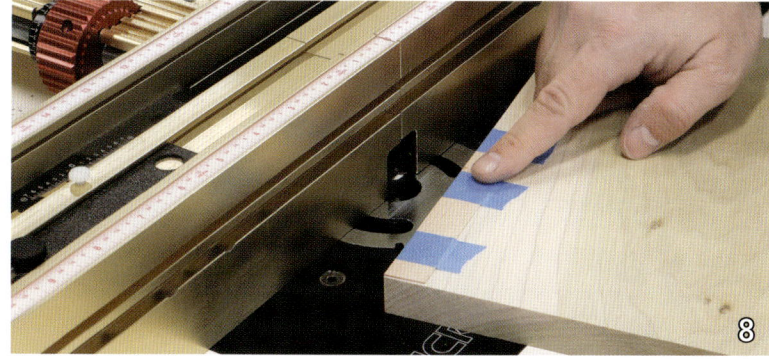

8. 슬라이딩 주먹장에 끼워지는 부재는 높이 설정을 유지한 같은 주먹장 비트로 가공한다. 부재의 일부분이 깎여 나가도록 펜스를 이동시키고, 앞의 부재와 같은 두께의 얇은 나무 조각을 뒤쪽에 붙여준다. 주먹장을 망치지 않으려면 펜스의 개구부를 좁혀서 붙여 놓은 나무 조각이 사이에 빠지지 않도록 한다.

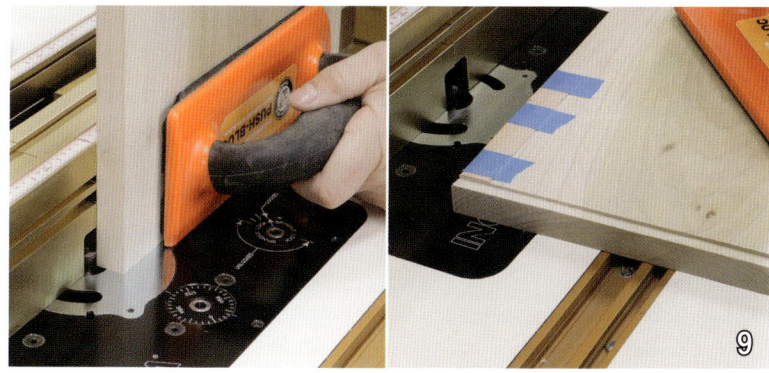

9. 각 면을 한 번씩 가공해보고 가조립해본 뒤, 펜스를 조금씩 조정하면서 다시 한번 깎아낸다. 주먹장이 홈 안에 끼울 수 있을 때까지 과정을 반복한다.

10. 결합이 너무 빡빡하다면 펜스를 조정하고 한두 번 더 밀어준다. 펜스를 조정할 때마다 결과적으로는 양쪽 면이 깎이면서 두 배의 양이 줄어들게 됨을 명심한다.

11. 가조립해보고 원할 때까지 다시 한번 가공한다.

12. 조립할 때 처음에는 느슨하게 진입하다가 끝에서는 빡빡하게 결합된다.

# 찾아보기

# 인치 환산표

| 인치 | 인치 | | | 인치 | 밀리미터 | 인치 | 밀리미터 |
|---|---|---|---|---|---|---|---|
| $1/64$ | .015625 | $33/64$ | .515625 | $1/64$ | 0.396875 | $33/64$ | 13.09688 |
| $1/32$ | .031250 | $17/32$ | .531250 | $1/32$ | 0.793750 | $17/32$ | 13.49375 |
| $3/64$ | .046875 | $35/64$ | .546875 | $3/64$ | 1.190625 | $35/64$ | 13.89063 |
| $1/16$ | .062500 | $9/16$ | .562500 | $1/16$ | 1.587500 | $9/16$ | 14.28750 |
| $5/64$ | .078125 | $37/64$ | .578125 | $5/64$ | 1.984375 | $37/64$ | 14.68438 |
| $3/32$ | .093750 | $19/32$ | .593750 | $3/32$ | 2.381250 | $19/32$ | 15.08125 |
| $7/64$ | .109375 | $39/64$ | .609375 | $7/64$ | 2.778125 | $39/64$ | 15.47813 |
| $1/8$ | .125000 | $5/8$ | .625000 | $1/8$ | 3.175000 | $5/8$ | 15.87500 |
| $9/64$ | .140625 | $41/64$ | .640625 | $9/64$ | 3.571875 | $41/64$ | 16.27188 |
| $5/32$ | .156250 | $21/32$ | .656250 | $5/32$ | 3.968750 | $21/32$ | 16.66875 |
| $11/64$ | .171875 | $43/64$ | .671875 | $11/64$ | 4.365625 | $43/64$ | 17.06563 |
| $3/16$ | .187500 | $11/16$ | .687500 | $3/16$ | 4.762500 | $11/16$ | 17.46250 |
| $13/64$ | .203125 | $45/64$ | .703125 | $13/64$ | 5.159375 | $45/64$ | 17.85938 |
| $7/32$ | .218750 | $23/32$ | .718750 | $7/32$ | 5.556250 | $23/32$ | 18.25625 |
| $15/64$ | .234375 | $47/64$ | .734375 | $15/64$ | 5.953125 | $47/64$ | 18.65313 |
| $1/4$ | .250000 | $3/4$ | .750000 | $1/4$ | 6.350000 | $3/4$ | 19.05000 |
| $17/64$ | .265625 | $49/64$ | .765625 | $17/64$ | 6.746875 | $49/64$ | 19.44688 |
| $9/32$ | .281250 | $25/32$ | .781250 | $9/32$ | 7.143750 | $25/32$ | 19.84375 |
| $19/64$ | .296875 | $51/64$ | .796875 | $19/64$ | 7.540625 | $51/64$ | 20.24063 |
| $5/16$ | .312500 | $13/16$ | .812500 | $5/16$ | 7.937500 | $13/16$ | 20.63750 |
| $21/64$ | .328125 | $53/64$ | .828125 | $21/64$ | 8.334375 | $53/64$ | 21.03438 |
| $11/32$ | .343750 | $27/32$ | .843750 | $11/32$ | 8.731250 | $27/32$ | 21.43125 |
| $23/64$ | .359375 | $55/64$ | .859375 | $23/64$ | 9.128125 | $55/64$ | 21.82813 |
| $3/8$ | .375000 | $7/8$ | .875000 | $3/8$ | 9.525000 | $7/8$ | 22.22500 |
| $25/64$ | .390625 | $57/64$ | .890625 | $25/64$ | 9.921875 | $57/64$ | 22.62188 |
| $13/32$ | .406250 | 29/32 | .906250 | $13/32$ | 10.31875 | $29/32$ | 23.01875 |
| $27/64$ | .421875 | 59/64 | .921875 | $27/64$ | 10.71563 | $59/64$ | 23.41563 |
| $7/16$ | .437500 | 15/16 | .937500 | $7/16$ | 11.11250 | $15/16$ | 23.81250 |
| $29/64$ | .453125 | 61/64 | .953125 | $29/64$ | 11.50938 | $61/64$ | 24.20938 |
| $15/32$ | .468750 | 31/32 | .968750 | $15/32$ | 11.90625 | $31/32$ | 24.60625 |
| $31/64$ | .484375 | 63/64 | .984375 | $31/64$ | 12.30313 | $63/64$ | 25.00313 |
| $1/2$ | .500000 | 1 | 1.00000 | $1/2$ | 12.70000 | 1 | 25.40000 |

# 미터 환산법

외국 공구나 도서를 보면 인치단위를 많이 사용한다. 만일 인치를 ㎜로 환산하려면 다음 규칙을 따른다.

분수를 소수로                  인치 단위를 미터 단위로

$1/8 = 0.125$                 인치 곱하기 25.4는 밀리미터로

$1/4 = 0.25$                  인치 곱하기 2.54는 센티미터로

$1/2 = 0.5$                   야드 곱하기 0.9144는 미터로 바꿀 수 있다.

$5/8 = 0.625$                 예를 들어 $1 1/8$ 인치를 밀리미터로 바꾸면 1.125 in. X 25,4㎜ = 27.575㎜

$3/4 = 0.5$                   또 $2 1/2$야드를 미터로 바꾸면 2.5 yd. X 0.9144m = 2.286m

# 감사의 말

이 책을 쓰면서 기술적 난관에 부딪힐 때마다 몇 분의 소중한 분들에 의지해 그 문제를 해결할 수 있었습니다. 도움을 준 세넌 로저스(Shannon Rogers), 맷 크래모나(Matt Cremona) 그리고 매튜 티그(Matthew Teague)에게 감사드립니다.

웹마스터이며 그래픽 디자이너이자 비즈니스 컨설턴트인 제 친구 존 펑크(John Funk) 덕분에 우리 책의 사전 주문 캠페인을 쉽게 해낼 수 있었습니다.

제가 공방에서 나무를 자르고 사진을 찍는 동안 우리 아이들, 마테오(Mateo)와 아바(Ava)를 책임져준 나의 아름답고 똑똑한 아내 니콜(Nicole)에게 감사 인사 전합니다.

제 일을 지원해주고, 나를 웃게 하며, 끊임없이 앞으로 나갈 수 있도록 격려해준 목공 커뮤니티에도 감사드립니다.

마지막으로, 어머니 로나(Lorna)에게도 감사드려야 할 것 같습니다. 그녀는 내게 글을 쓰는 법과 효과적인 토론법 그리고 쿠폰 자르는 법을 가르쳐 주셨습니다.

마크 스파뉴올로 Marc Spagnuolo